10万人が受講した究極メソッド

転職面接突破法

細井智彦
リクルートキャリア
キャリアアドバイザー

高橋書店

はじめに

●面接官は意外に「面接」を知らない!?

本書を手に取られた方は、転職面接に対して何かしらの不安をお持ちではないでしょうか。それは極めて健全なことです。

世の中の多くの不安は、準備や練習をすることで減らせます。しかし面接対策では逆に、情報を集め出した途端に不安が増してしまいます。その原因は、企業側が面接で、本来あまり意味のないことを執拗《しつよう》に聞くからです。だから、面接で想定される質問への答えを考え始めると、心がどんどん曇ってしまうのです。

たとえば次の質問をされたら、あなたはこう思いませんか？

「誰にも負けないあなたの強みは何ですか？」・・・人に負けないっていわれてもコンテストをしたわけでもないし、毎日コツコツ仕事に取り組んできただけだから何をアピールすればいいのか…。

「なぜ前の会社を辞めたのですか？」・・・なぜって、本当は辞めたくなかったけど上司のいじめ（パワハラ）がひどくて…なんていっても、面接官には「あなたにも問題があるのでは？」と思われるだろうなぁ…。

「なぜ当社でなければならないのですか？」・・・なぜと聞かれても、条件がよければべつにほかの会社でもいいんだけどなぁ…採用側は、私がすぐに辞めないかが不安なんだろうけど、いったん入社したら辞めようなんて思わないのになぁ…。

「5年先にどうなっていたいですか？」・・・まだ入社してなくて、仕事の情報もあまりないのに5年先だなんてわからない。逆に、会社は5年後にどうなろうとしているのか知りたいくらい…。

いかがですか。私は面接の世界にどっぷり浸っている人間ですが、このような質問を応募者にしつこくしても意味がないと思っています。

ただ、悲しいかな面接官には面接に無知な人が多く、あまり深く考えずに転職理由だの志望理由だのを聞いてしまう。そしてそのやり取りで何をしているかといえば、対話の奥の本質をとらえようとするのではなく、話の筋の通らないところを見つけては執拗に掘り下げるのです。その結果、対話の中身そのものより、そのときの説明の仕方や話し方などを見て直感で評価してしまい、「やはり第一印象が大事」などとなるのです。

●なぜ面接対策をしなくてはならないのか

しかし、ここにチャンスがあります。

面接官が未熟だからこそ、準備によってチャンスが増えるのです。

もしすべての面接官が、応募者の能力を引き出せ、見極められる能力の高い人ばかりなら、相手があなたのよさを引き出してくれるでしょう。しかし彼らのほとんどは、誤解したり先入観を抱いたりしてしまう普通の人間です。面接のプロではなく、皆さんと同じ普通のビジネスパーソンなのです。

「面接対策」が必要な理由はここにあります。面接官に引き出してもらえないなら、応募者が自分の伝えたいことを整理し、きちんと話せるよう表現力をつけるしかないのです。それは、本書で紹介する正しい練習によって上達できます。「お茶漬けでいい」と「お茶漬けがいい」――たった一言でニュアンスが大きく変わるように、面接での表現も少し工夫しただけで伝わり方は驚くほど変わるのです。

●転職面接では「接点」さえ伝えれば採用される!?

ところで、どうすれば面接を突破できるのでしょう。

答えはズバリ「相手に〝ほしい〟と思わせればいい」。

では、具体的にどうすれば相手にほしいと思わせられるのでしょう。

それは「あなたと企業とに〝接点〟があることを示せばいい」のです。企業が「接点あり」と判断すれば採用されるのです。だからこそ転職面接では、応募者は自分と企業の接点を伝えることがもっとも大切です。本書もこの接点について詳述しています。しかし、多くの方がこの点を見落とし、想定問答集やマニュアルの例文を丸暗記しようとしてしまいます。

本書もたくさんの事例を収録することで、上手に伝える方法を具体的にわかりやすく紹介しています。ただし、事例を丸暗記しても意味はありません。自分と企業の「接点」をどのように見つけ、どう伝えるのか、その本質をつかんでください。そして行動してください。それだけであなたの面接力は、今よりも間違いなくアップします。

志望理由では採《と》られない!?

■志望理由Before例（改善前）

面接官：当社を志望する理由を教えてください。

応募者：はい。私は「かたちのあるものを売りたい」と思い、志望職種をメーカーの営業職に絞っております。なかでも御社を志望する理由は、❶**○○という競争力の強い商品をお持ちだから**です。ぜひその商品を広め、多くのお客様に届けたいと考えております。

面接官：○○であれば、同様の商品をほかの会社も作っていますが？

応募者：はい。ただ❷**御社は業界大手であり、安定した業績を上げておられる**点で、他社にはない魅力を感じております。また御社のホームページで「人を大切にする経営を推進する」という社長のコメントを拝見し「ぜひこういう会社で働きたい」と強く思いました。

悪くはない。ただ「自分軸」が欠けている…

「絶対に駄目」な回答ではないが「自分はコレをやりたい」という思いが見えない。商品や会社自体に魅力を感じていること（①②）はわかるが「なぜウチで働きたいのか」が伝わらない。「条件のいい会社で働きたいだけ？」との疑念も…。

▶▶▶改善例は8ページ

たとえば、こんな転職理由や

■転職理由Before例（改善前）

面接官：なぜ転職するのかお話しいただけますか？

応募者：はい。現在の職場では、自分の将来に不安を感じて、転職しようと決めました。

面接官：どういう不安なのですか？　具体的に教えてください。

応募者：はい。正直申し上げて、❶**今勤めている販売店の取扱い商品はお客様のニーズに合っておらず、顧客離れが進んでいます**。会社全体の業績が落ち込んで、私自身の販売成績も振るわず❷**上司には「次にノルマを達成できなければクビだ」といわれてしまいました**。社内の雰囲気も悪く先輩や同僚が次々と辞めるなか、なんとか業績を上げようと毎日残業しながら頑張りましたが、このままでは体を壊してしまうと不安を感じております。

不満はわかる。でもそればかりでは不安…

「転職希望者は現職（前職）になんらかの不満があるだろう」とは想定しています。ただ現職の商品が悪い（①）、上司が悪い（②）と「自分のせいではない」という発言ばかりでは「不満が多いタイプ？」などとマイナスなイメージを抱いてしまいます。

▶▶▶改善例は9ページ

面接トークだ！

■志望理由After例（改善後）

面接官：志望理由を教えてください。

応募者：はい。私は「かたちのあるものを売りたい」と思い、志望職種をメーカーの営業職に絞っております。御社は①**お客様のご要望に応じた提案型営業をしていると知り、ぜひ携わりたい**と思いました。また②**○○という商品は競争力が強く、それを扱えるという点も魅力的**です。

面接官：なぜ当社の販売方法に興味を持たれたのですか？

応募者：はい。前職では販売する商品が決められていて、営業の裁量が限られていました。お客様に合ったきめ細やかな営業をしたいと思っていたとき、御社のホームページで理想的な営業方法を取られていると知ったのです。個々のお客様に対応することは大変だと思いますが、③**お客様の満足度を上げる営業をすることはやりがいにつながる**と考えております。

やりたいことが明確で、前向きさが伝わる

Before例（→6ページ）に欠けていた「応募者がやりたいこと」（①）を盛り込み、商品の魅力（②）を補足程度にとどめたことで、仕事への前向きさが伝わる。率先して仕事におもしろみを見いだそうとする表現（③）も◎。

これが“採用される”

■転職理由After例（改善後）

面接官：なぜ転職するのですか？

応募者：自分の将来についてじっくり考えたとき、このままでは会社と自分のためにならないと不安を感じたためです。

面接官：もう少し具体的に教えていただけますか？

応募者：はい。じつは1年ほど前から今勤めている販売店の業績が落ち始め、私の販売成績も振るわなくなりました。取扱い商品が顧客のニーズに合わなくなっているのではないかと考え、❶**新規商品の取扱いや陳列方法の変更を提案するなど、私なりの努力をしてきました**。しかし私の提案は会社の方針とは合わず、私自身の成績も上がらないままでした。このままでは❷**会社の期待にも応えられないうえ、お客様に自信を持って商品を販売するモチベーションを保てなくなってしまう**と感じております。

「人のせい」にしておらず好感触

Before例（→7ページ）と同じことをいっているが、いい回しを変えただけで印象はガラリと変わる。自分なりにしてきた努力は具体的に語ること（①）で説得力がアップ。会社を悪者にせず、自分にも非があることを認識した表現（②）に好感が持てる。

“採用される” 面接トークが身につく 3つのSTEP

これだけでOK

STEP 1 面接官の“ホンネ”をざくっとつかむ！

STEP 2 面接攻略のポイント“接点”をつかむ！

STEP 3 “どんな質問”にも答えられる！

定番の質問に答えるには…

不安を感じる質問に答えるには…

応募職種別の質問に答えるには…

+α 採用をグッと引き寄せる転職面接のマナー

Contents
目次

Part 2

接点さえ伝えれば採用される！ 3つの接点と接点発掘の3ステップ

Part 3 必ず聞かれる質問と面接官のホンネ

Part 4　ケース別！「答えに困る質問」はこう切り返す

Part 5 職種別！ 必要な力、求められる人材とは

Part 6 直前チェック！　コレだけで第一印象が格段によくなる

編集　佐々木彩夏（アート・サプライ）
執筆協力　杉本 隆
本文デザイン・DTP　野口佳大、山崎 恵（アート・サプライ）
イラスト　安ヶ平正哉
校正　ぷれす
装丁　大下賢一郎
写真　森カズシゲ

Part 1
採用への第一歩！
転職面接を知る

そもそも転職面接と、
新卒採用の面接って
違うの？

どんな人が
面接官になってる？

面接官って
何を考えてるんだろう…

同じ「面接」でも〝新卒〟とはまったく違う！

心得ておくべき〝転職面接〟のキモ

異なるポイントは2つ

一口に面接といっても、「新卒採用のための面接」と「転職のための面接」は、2つの点で大きく異なります。

まず一つ目の違いは、**やる仕事が決まっているかどうか**です。新卒の場合、面接の段階では配属先が決まっていないケースがほとんど。これに対し転職面接では、あらかじめ採用したいポストは決まっています。

もう一つは、転職の場合のみ**会社を替える理由を問われる**ことです。一度入った会社、就いた仕事を替えるのですから、その意味と理由をきちんと説明しなければなりません。

成功に近付くポイント

転職の場合、募集職種や仕事内容があらかじめ明示されていて、採用側は「この分野のこの仕事を任せられるか」という目で応募者をチェックしています。つまり、採用側に**「この人になら任せられる」と思わせることが転職面接で成功するポイント**です。

成功に近付くには、まず自分が「入社後にはどのように働くか」を具体的にイメージし、それを採用側に伝えられるように準備しておく必要があります。さらに前述したとおり、「会社を替える理由」もわかりやすく伝える準備が必要になってきます。

新卒面接と転職面接の違い

■ 新卒面接の場合

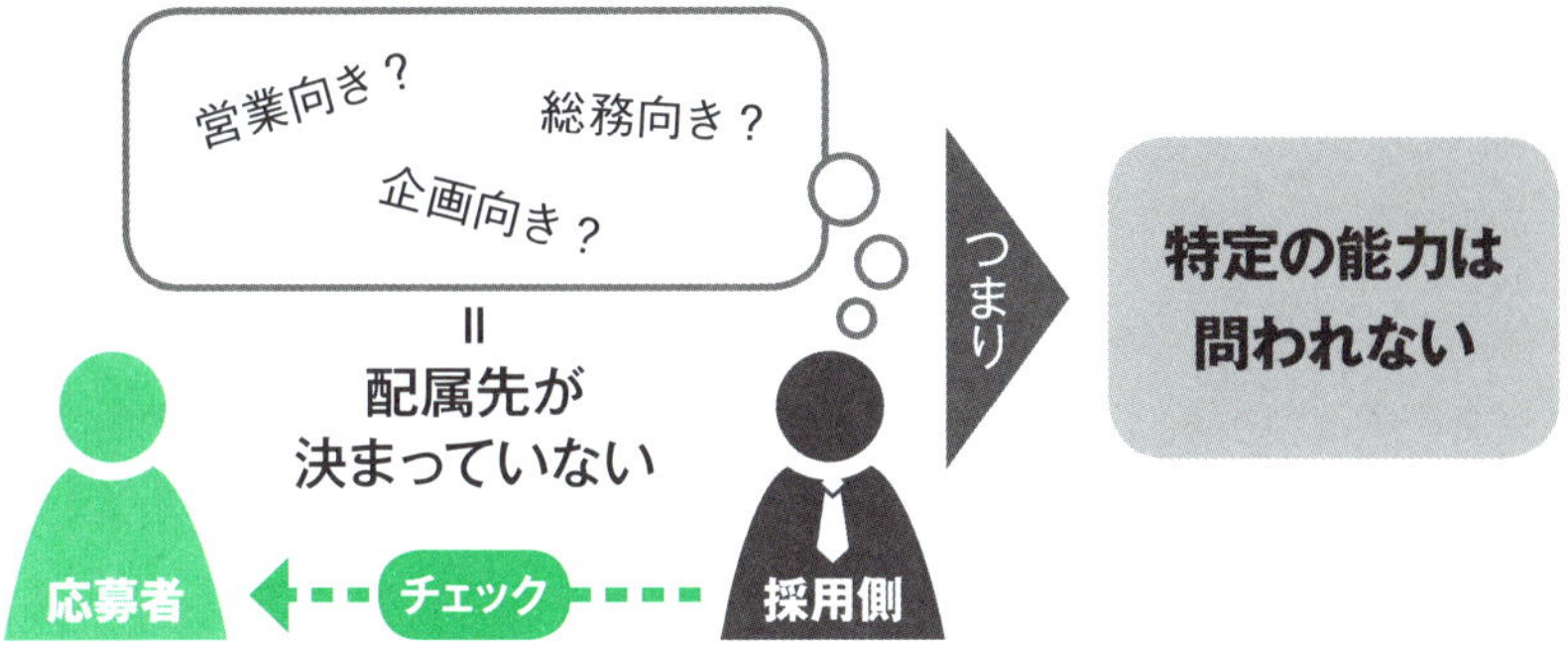
営業向き？
総務向き？
企画向き？
＝
配属先が
決まっていない
つまり
特定の能力は
問われない
応募者
チェック
採用側

▶ 多くの企業は、面接時に配属を決めていない。内定が決まってから、適性などを考慮して配属先を決めるケースが多い。

■ 転職面接の場合

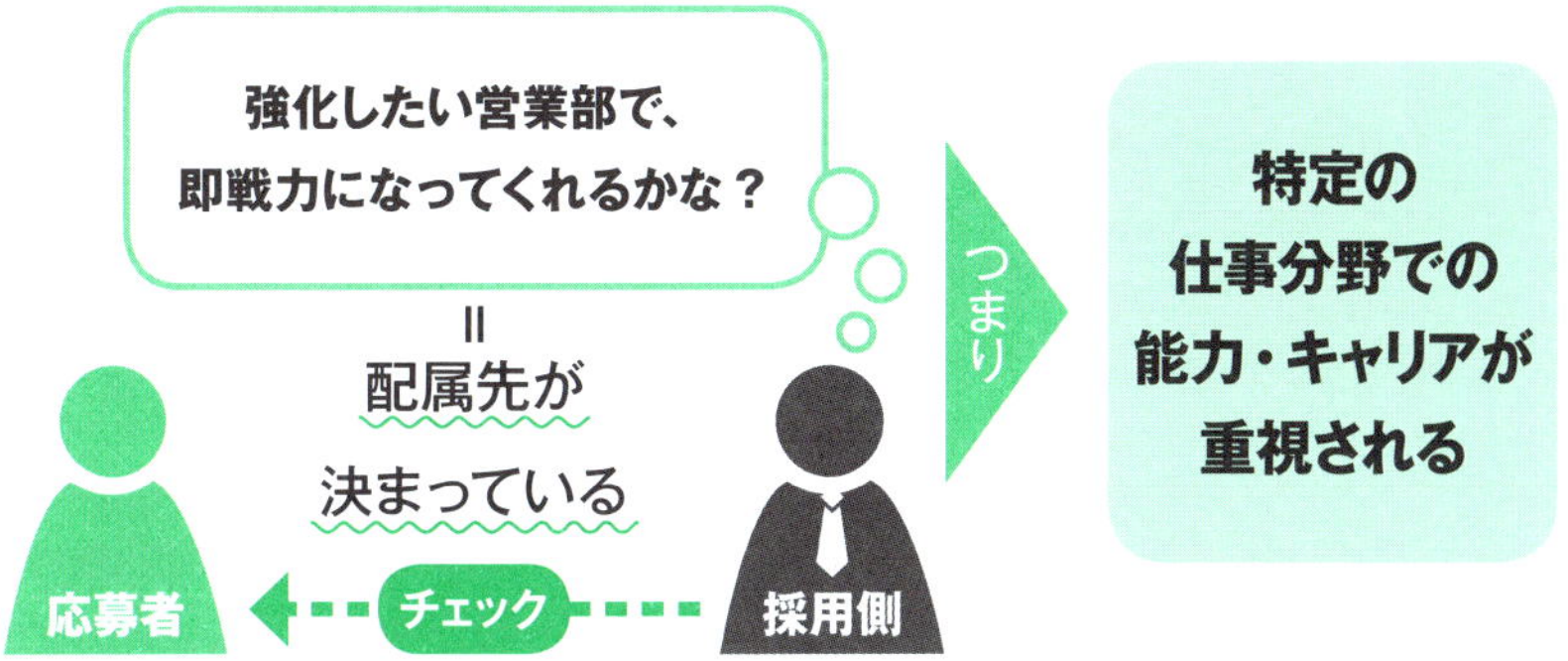
強化したい営業部で、
即戦力になってくれるかな？
＝
配属先が
決まっている
つまり
特定の
仕事分野での
能力・キャリアが
重視される
応募者
チェック
採用側

▶ 企業は、どの部署に配属するかを決めて面接をしていることが多い。このため「この仕事ができる人材か」などと特定の能力を見極めようとしている。

細井流！
チェック
ポイント

「即戦力」のホントの意味

よく、中途採用の求人では「即戦力募集」とあります。「即戦力」という言葉はじつにあいまいですが、転職シーンでいう「即戦力」とは「明日からでもすぐに特定の仕事を任せられる人」という意味です。「特定の仕事」という点がポイントで、ほかでどんなに高いキャリアを積んだ人でも、その仕事と関係なければ「即戦力ではない」ことになってしまいます。そのため「即戦力募集」と明示されていたら、企業側が「どんな仕事を任せたいと考えているか」を想像してみるとよいでしょう。

採用をつかむのに必要なのは３つの〝接点〟を伝えることだけ！

原則、これさえ伝わればいい

採用側は〝接点〟を見ている

転職面接で、**採用側がもっとも気にするのは会社と応募者の間の「接点」**です。

具体的には、接点は３つあります。キーワードはそれぞれ「**ＣＡＮ・ＷＩＬＬ・ＣＵＬＴＵＲＥ**」。

それぞれ採用側から見ると、ＣＡＮとは「この応募者は、ウチの会社の任せたい仕事ができるかどうか」。ＷＩＬＬとは「この応募者は将来的に、ウチの会社で伸びてくれる人材かどうか」。そして最後のＣＵＬＴＵＲＥは「社風や職場環境に合う人材かどうか」です。

〝接点〟に対するアプローチ

「ＣＡＮ・ＷＩＬＬ・ＣＵＬＴＵＲＥ」を意識している採用側に対し、応募者もそれを意識して伝えていくべきです。

まず**「自分はその仕事をできる」というＣＡＮ（現在価値）をアピール**し、さらに**「入社したらやりたいことや実現したいこと」といったＷＩＬＬ（将来価値）を説明**するのです。**ＣＵＬＴＵＲＥは相性のようなもの**なので、第一印象や話の内容から感じさせるしかありません。詳しくは2章（→36ページ）で述べますが、〝接点〟という考え方はいつも頭に入れておいてください。

必ず3つの接点を意識しておく！

■採用側が意識する接点

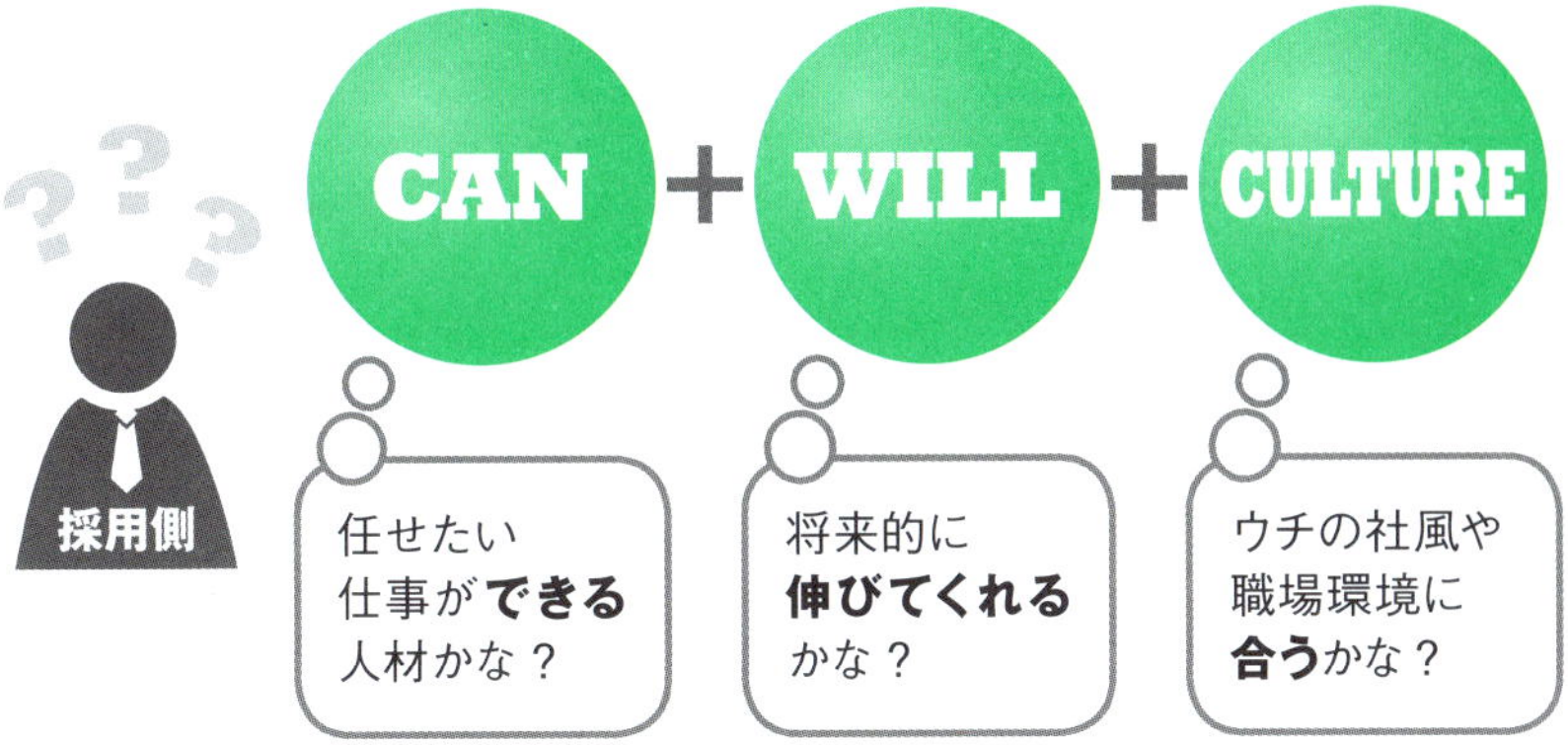
CAN
WILL
CULTURE
採用側
任せたい仕事が**できる**人材かな？
将来的に**伸びてくれる**かな？
ウチの社風や職場環境に**合う**かな？

▶ 面接官は、今までのキャリアや自己ＰＲを聞くことで「ＣＡＮ」を、志望理由などから「ＷＩＬＬ」を、回答の内容や全体の雰囲気から「ＣＵＬＴＵＲＥ」をチェックする。

■応募者が伝えるべき接点

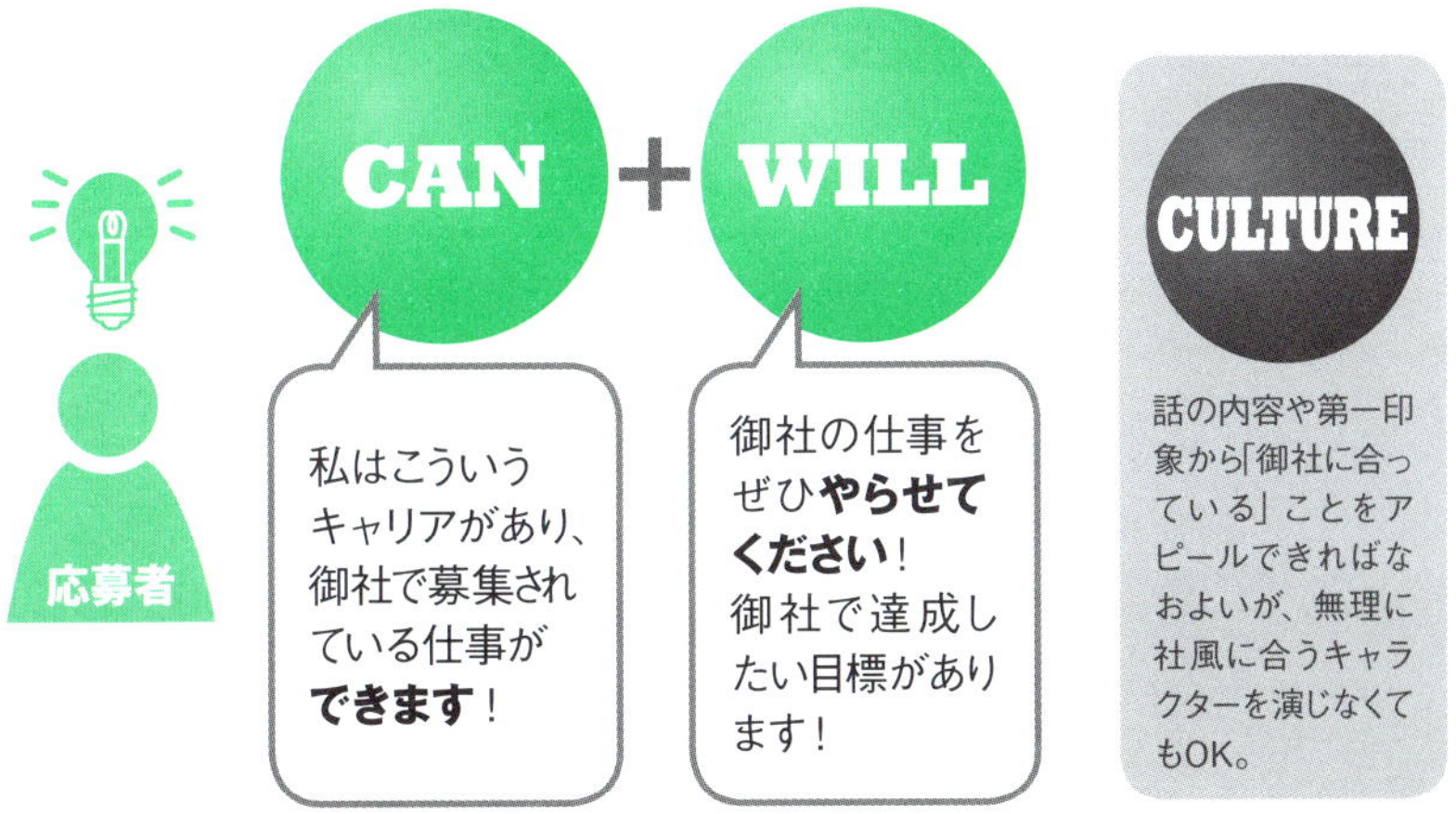
CAN
WILL
CULTURE
応募者
私はこういうキャリアがあり、御社で募集されている仕事が**できます**！
御社の仕事をぜひ**やらせてください**！御社で達成したい目標があります！
話の内容や第一印象から「御社に合っている」ことをアピールできればなおよいが、無理に社風に合うキャラクターを演じなくてもOK。

▶ 転職市場では「キャリア」が重視されるので「ＣＡＮ（できる！）」はとくに重要。そのうえで「ＷＩＬＬ（実現したい！　やりたい！）」が見えると、採用側は「辛《つら》いことがあっても辞めず、乗り越えて成長してくれるのでは」と想像する。「ＣＵＬＴＵＲＥ」は印象や雰囲気もかかわるので、第一印象や話す態度などに気をつける。ただし、無理に演じるのは禁物。

転職面接の王道パターン。［現場リーダー↓役員クラス］

転職面接はこう進む

2段階の面接をクリアしよう

中途採用の場合、一般的に面接は2回行われます。主流のパターンは、**1回目の面接では現場のリーダーや部課長クラスが面接官になり、2回目では役員や社長が面接するもの**です。どちらかに人事の担当者が同席することもあります。

どちらも大まかな質問の流れは

①自己紹介、キャリアの確認
②転職理由（前に勤めていた会社を辞めた経緯など）
③志望理由（動機、意欲など）
④質疑応答 です。

2つの異なる視点

2回の面接で、応募者が伝えるべきことに大きな違いはありません。ただ面接官によって視点が違い、見られるポイントが異なることはよくあります。

現場サイドの面接では、面接官は「部下として仕事を任せられるか」という視点でチェックしてきます。仕事上でのエピソードを掘り下げて聞かれるケースが多いでしょう。これに対し**役員・社長面接では、応募者の人間性を見ようという視点**になります。「信用できる」「会社に根付いて成長してくれそうだ」と感じてもらえるか、が大切になるのです。

2回の面接の違い

■ 1回目

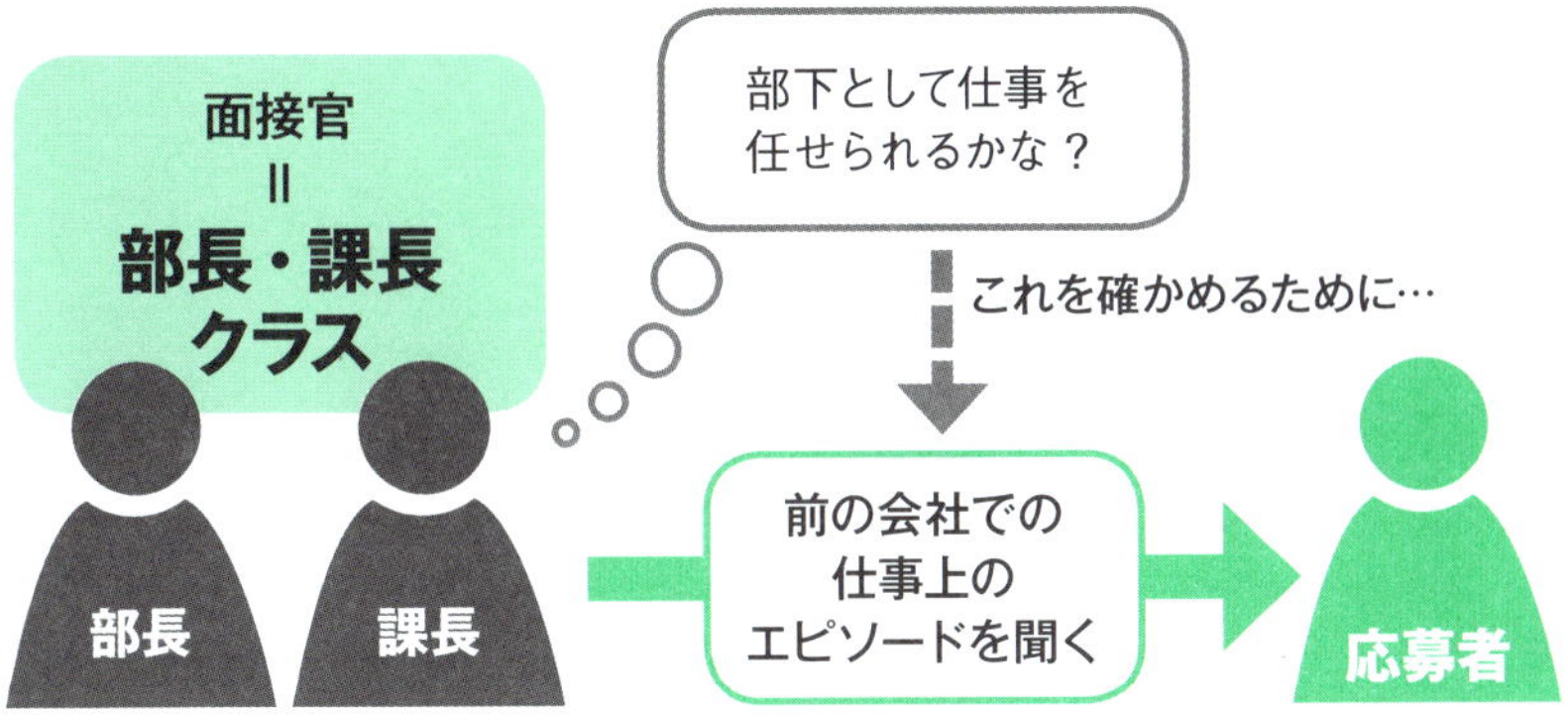
面接官
＝
部長・課長
クラス
部下として仕事を
任せられるかな？
これを確かめるために…
前の会社での
仕事上の
エピソードを聞く
部長
課長
応募者

▶ 現場のリーダーによる面接は複数回行われることもある。またベンチャー系の企業では、1回目から社長や役員が同席することも。

■ 2回目

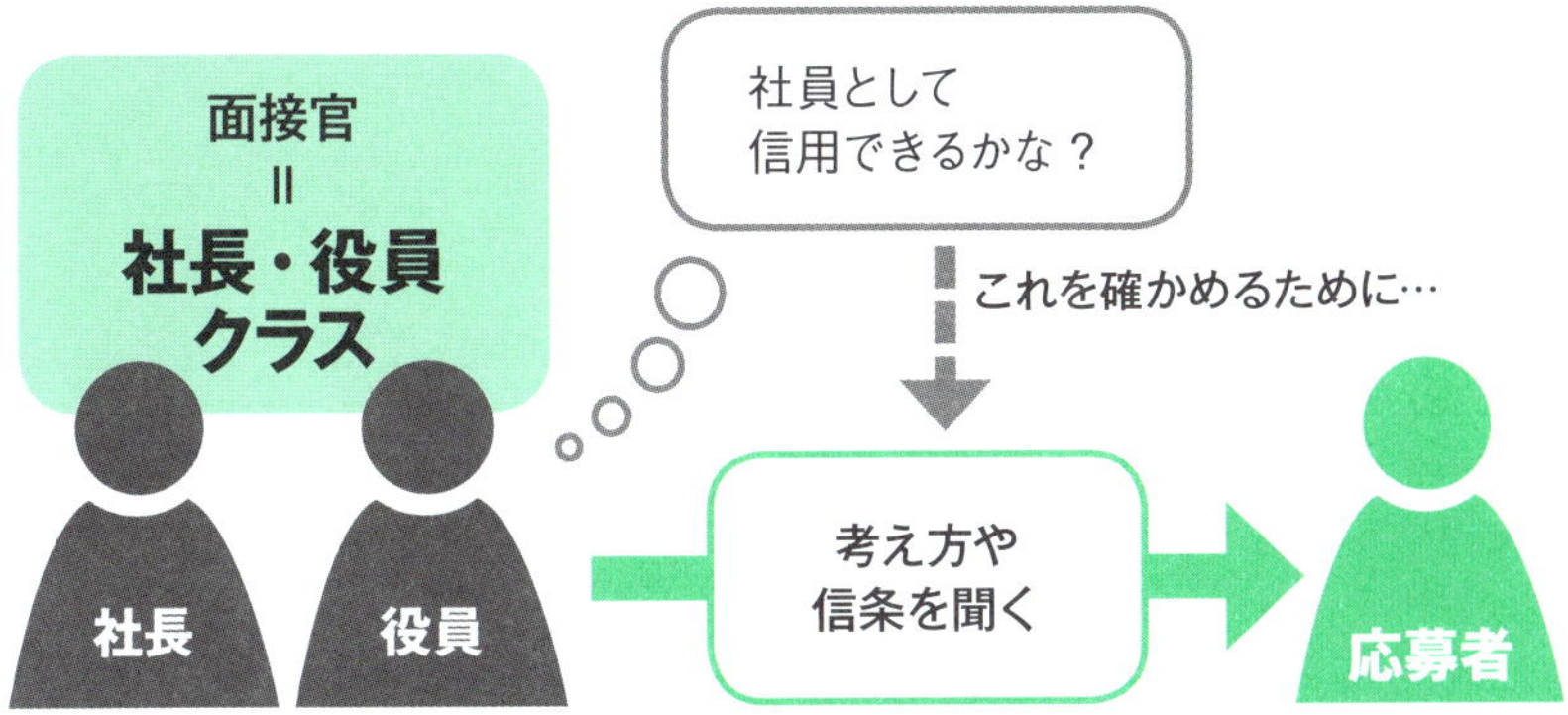
面接官
＝
社長・役員
クラス
社員として
信用できるかな？
これを確かめるために…
考え方や
信条を聞く
社長
役員
応募者

▶ 社員として信用に足る人かどうかを見極めるため、仕事に対する考え方や信念を重点的に聞かれることが多い。

細井流！
チェック
ポイント

"考えられるか"を試す質問が増えた!?

事例はまだ少ないものの、転職面接で増加傾向なのが、課題を与え、その場で考えさせる質問です。たとえば「膨大な在庫を明日中に売らなければならないが、あなたならどうしますか？」といったようなもの。近年、企業側は「自分で考えて動ける若手が少ない」と感じており、こういった質問を交ぜることで、「課題の発見や解決を自分でできる人か」を確かめようとしているのです。

相手を知れば戦いは有利に。面接官は「プロ」ではない！

どんな人が面接するのか

面接官は、現場の責任者

どんな場合でも、相手をよく知ればコトはうまく運ぶものです。では転職面接に臨むとき、面接官について考えたことがあるでしょうか。

じつは面接官のほとんどが「面接のプロ」ではありません。22ページで述べたとおり、1回目では現場のリーダークラスの人、つまり応募者の上司になるかもしれない人が面接官になることが多いのです。

とくに、入れ替わりの激しい会社では、面接のプロどころか**面接慣れしていない人が担当する**こともあります。

相手が素人ならどうする？

ほとんどの面接官は、面接に関する教育など受けたことのない素人です。

これはつまり、プロのように応募者のキャリアやスキルを正確に判断し、自社との適性もズバリ見抜ける面接官はほとんどいない、ということです。

だからこそ、とくに注意してほしいのが、**第一印象や面接の場での言動など、些細と思えることにも気を配る**こと。人間は印象に大きく左右されます。それは面接を担当する社員も同じ。相手が素人だからこそ、ビジネスマナーにも注意しておくべきです。

転職の面接官の特徴と対処法

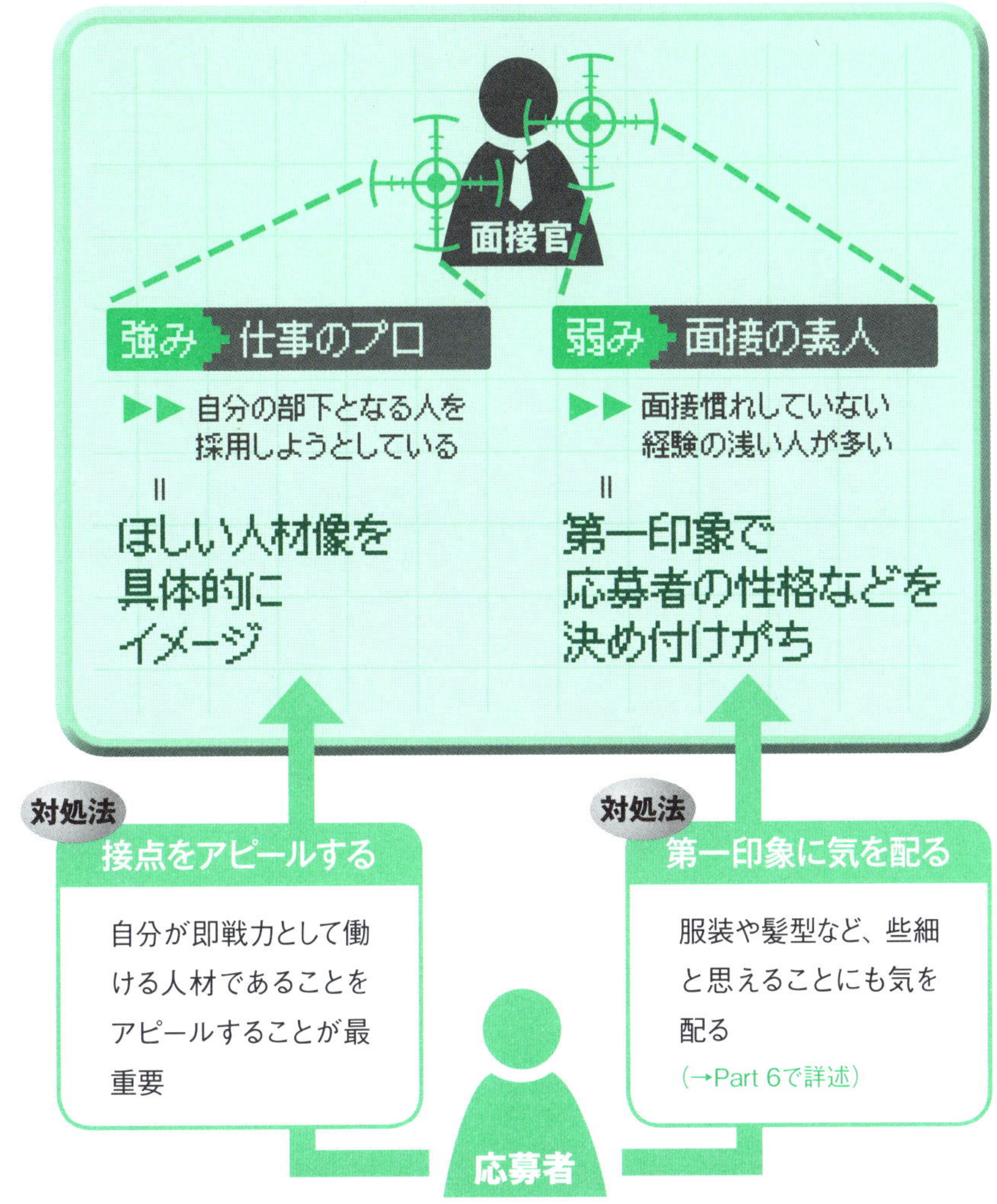
面接官
強み 仕事のプロ
▶▶ 自分の部下となる人を採用しようとしている
＝
ほしい人材像を具体的にイメージ
弱み 面接の素人
▶▶ 面接慣れしていない経験の浅い人が多い
＝
第一印象で応募者の性格などを決め付けがち
対処法
接点をアピールする
自分が即戦力として働ける人材であることをアピールすることが最重要
対処法
第一印象に気を配る
服装や髪型など、些細と思えることにも気を配る
（→Part 6で詳述）
応募者

細井流！ チェックポイント

「圧迫面接」には2通りある

面接慣れしていない面接官は、高圧的な態度で質問をする、いわゆる圧迫面接をしてしまうことがあります。一方、転職の面接ではまれですが、面接のプロが応募者のストレス耐性をチェックするために行うこともあります。いずれにせよ、応募者は決して怒ってはいけません。たとえば「考え方が甘いのでは？」などと問われたら「そうかもしれません。ただ…」といったん受け止めてから、落ち着いて答えましょう。

こんな言葉、行動は命取り！面接官のホンネに迫る

些細な言動が不採用につながるワケ

不採用理由のウラにあること

「話のキャッチボールがいまいち…」

　これは多くの採用担当者が口にする、応募者を不採用にした理由です。ほかにも「やる気不足」「印象が物足りない」「論理的でなかった」「おとなしい」など、応募者としてはとうてい納得できない、ぼんやりとした理由ばかりです。

　なぜかといえば、これらの不採用理由は〝あえて言葉にすれば〟というものだからです。「なんとなく」であっても、面接官にそう感じさせてしまった、**細かい言動**（ディテール）**に問題がある**ことに気付いてください。

これを知って簡単な対策を

　企業が語る不採用の理由のウラには、応募者本人も気付いていないような些細なことが致命的になったケースが多くあります。

　限られた時間であり、面接官がプロでない以上、仕方のないことではありますが、面接官は**ちょっとした仕草や言動から応募者の印象をかたち作ってしまう**のです。

　左ページに実際にあった例を挙げたので、ぜひ参考にしてください。失点（不採用に直結するような言動）を避けながら、得点（有効なアピール）を重ねる――当たり前のことですが、これが勝利への近道です。

応募者の言動と面接官の受け止め方

■ 行動に関すること

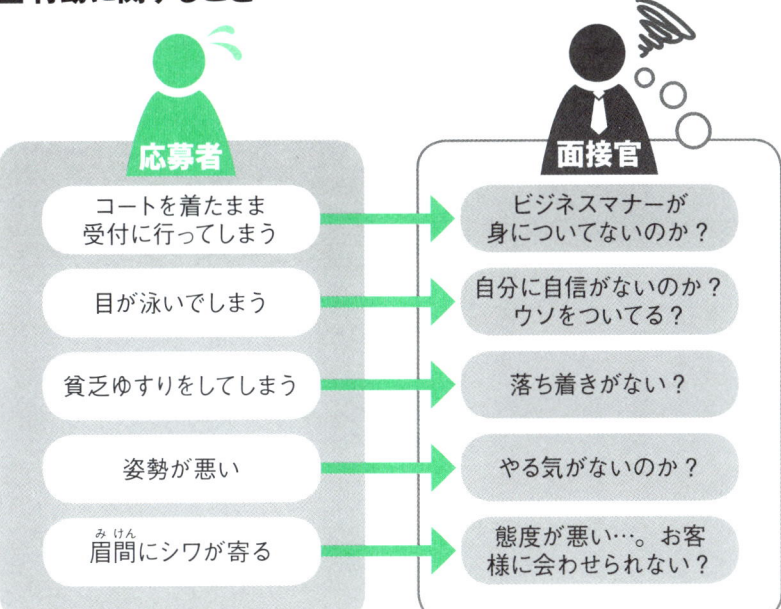

応募者	面接官
コートを着たまま受付に行ってしまう	ビジネスマナーが身についてないのか？
目が泳いでしまう	自分に自信がないのか？ウソをついてる？
貧乏ゆすりをしてしまう	落ち着きがない？
姿勢が悪い	やる気がないのか？
眉間《みけん》にシワが寄る	態度が悪い…。お客様に会わせられない？

■ 発言に関すること

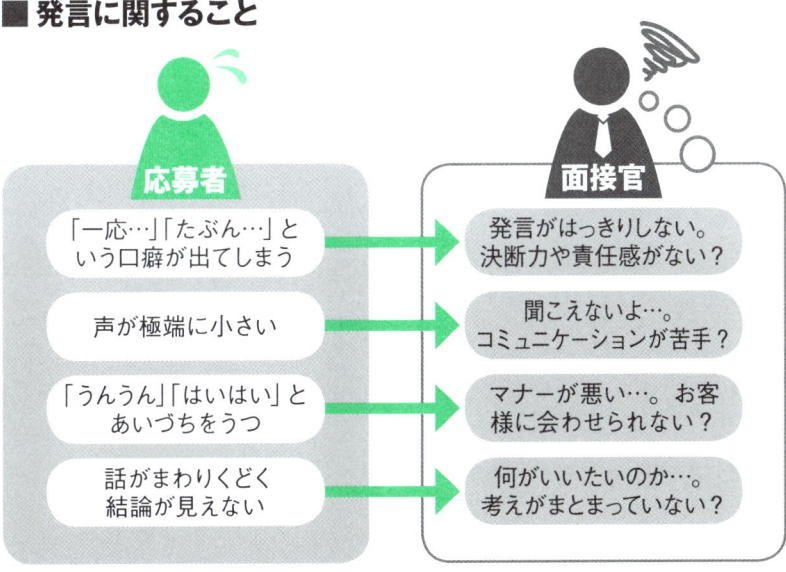

応募者	面接官
「一応…」「たぶん…」という口癖が出てしまう	発言がはっきりしない。決断力や責任感がない？
声が極端に小さい	聞こえないよ…。コミュニケーションが苦手？
「うんうん」「はいはい」とあいづちをうつ	マナーが悪い…。お客様に会わせられない？
話がまわりくどく結論が見えない	何がいいたいのか…。考えがまとまっていない？

面接官の「自分の言葉で話して」はどこまでホント？

面接におけるホンネとタテマエ

知りたいのは、本当のあなた

面接官はよく「応募者には自分の言葉でありのままを話してほしい」といいます。これはどういう意味でしょうか。

応募者は面接のとき、多かれ少なかれ「採用されるような人間」を演じようとします。「こう答えたほうがいいだろう」「こういったほうが印象がいいはず」と考えて発言します。しかし**相手に１００％合わせにいく姿勢ではＰＲしたいことが面接官に伝わりません。**

どこかで聞いたことのあるような薄っぺらな言葉では「それはホンネではないのでは？」と受け取られ、相手に響かないのです。

自分のホンネと向き合おう

では１００％ホンネで語ればよいかというと、それもビジネスの世界では通用しません。

たとえば「安定した会社で働きたい」と考えている場合、「安定企業だから志望した」と語れば面接官には聞こえが悪いでしょう。

しかしその理由を隠し、ウケのよい言葉で取りつくろおうとすると「自分の言葉」ではなくなります。大切なのは、その先の言葉。「なぜならば」と続け「安定した会社で働きたい理由」を語ればいいのです。**ホンネだけを淡々と語るのではなく、そう考える理由をしっかりと伝えればいい**のです。

「収入を上げたい！」というホンネを伝えるには

×

応募者：これまでの社会人生活で培ってきたコミュニケーション力を生かして、御社で働きたいです。

採用側：結局、君は何がしたいの？ 抽象的すぎてわかりません。

▶ ありきたりのことをいっても駄目。

△

応募者：収入を増やしたいので、御社で働かせてください。

採用側：うーん、気持ちはわかるけど、給料だけが目的なの？　その分、仕事はハードだけど大丈夫？

▶ ホンネをそのままいうのもビジネスの場では通用しない。

○

応募者：シングルマザーということもあり、もっと収入を上げたいと思ってまいりました。家庭と仕事を両立して働いてみせますので、チャンスをください。

採用側：なるほど。ハードな仕事でも、頑張ってくれそうだ。

細井流！
チェックポイント

社長面接はホンネで攻めろ

企業の社長は、社員に「信頼感」を求めます。そのため、社長が同席することの多い最終面接では「ホンネで語れているか」がとくに重要。社長は“ロジック”より“勘”を信じる傾向もあるので、「人の役に立ちたい」といった多少抽象的な言葉でも「心の底からそう思っているんだ」という情熱や誠意を伝えられれば、高評価につながる可能性は大。一本芯の通った回答で、人間味を出すのも手かもしれません。

「面接が怖い！」恐怖と不安をエネルギーに変える術

解消するための方法は徹底した準備

不安はあって当たり前

ほとんどの人が、面接に不安を感じています。とくに、新卒で入社した会社を2～3年で辞めてしまった第二新卒の人、転職歴が多い人、前職を辞めてから半年以上のブランクがある人など、なんらかの引け目を感じている人は「自分の過去を問いただされる」「人としての価値を否定される」と恐怖を感じがちです。「ウソをつかないと採用されないのでは」と思う人も大勢いらっしゃいました。

　でも安心してください。その不安は誰にでもある当たり前の感情です。そしてその**不安は前向きなエネルギーに変えられる**のです。

準備をすれば自信がつく

不安を解消する一番の方法は、**自分のホンネと向き合う、応募先の企業を調べるなど、とにかくしっかり準備する**こと。

　どんな質問を投げかけられても「自分の言葉」で堂々と語れるよう準備をするのです（→Part2で詳述）。応募先を徹底的に下調べし、自分が入社したらこう働く、と十分にシミュレーションして、自信をつけておきます。それでも不安を完全に解消することは難しいでしょう。

　しかしその感情をエネルギーに変え、自分に自信をつけていくことはできるはずです。

不安は「準備」で解消できる！

■ 第二新卒者の場合

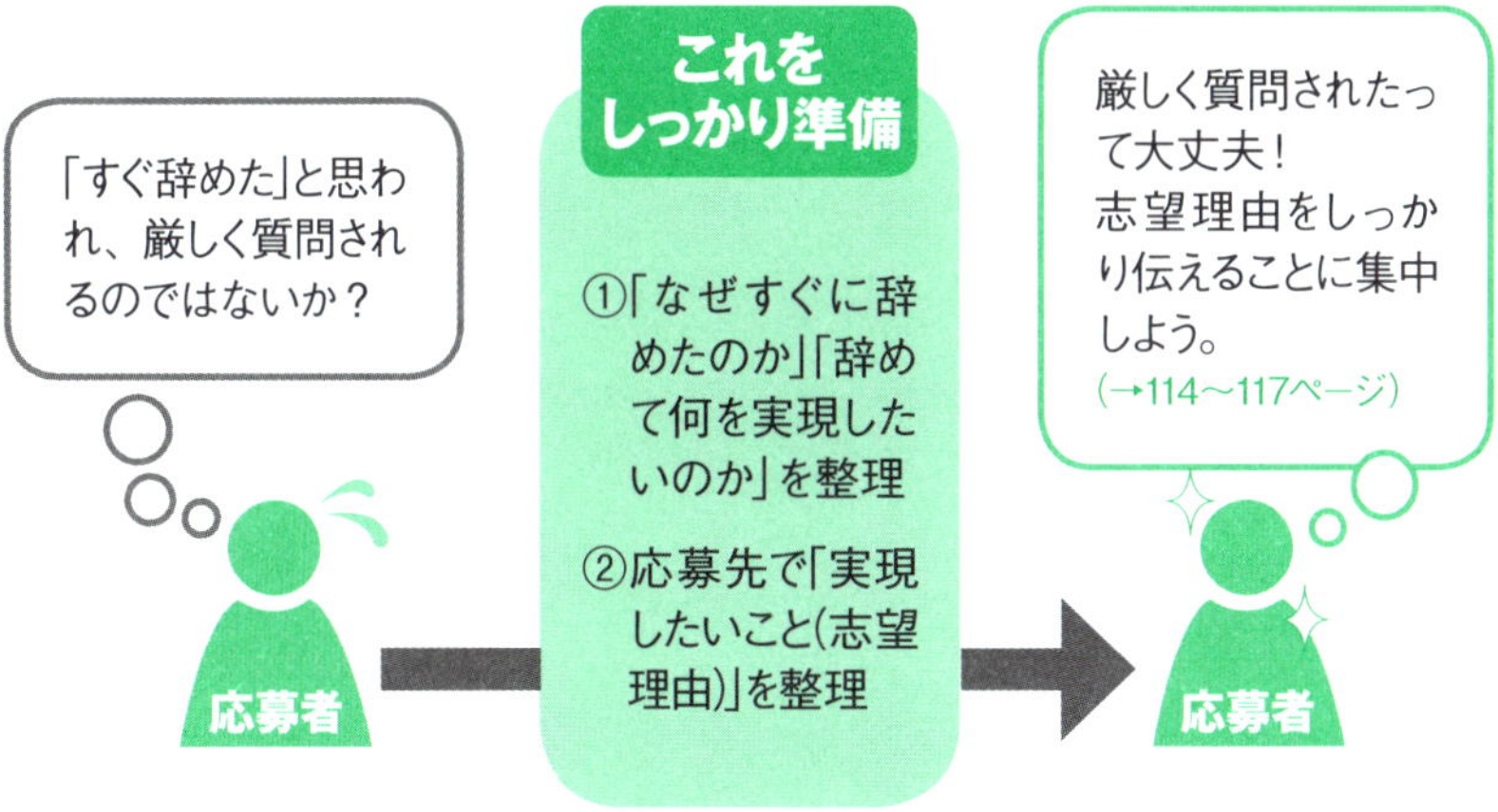
「すぐ辞めた」と思われ、厳しく質問されるのではないか？
応募者
これをしっかり準備
①「なぜすぐに辞めたのか」「辞めて何を実現したいのか」を整理
②応募先で「実現したいこと(志望理由)」を整理
厳しく質問されたって大丈夫！

志望理由をしっかり伝えることに集中しよう。

(→114〜117ページ)

応募者

■ ブランク(働いていなかった時期)がある場合

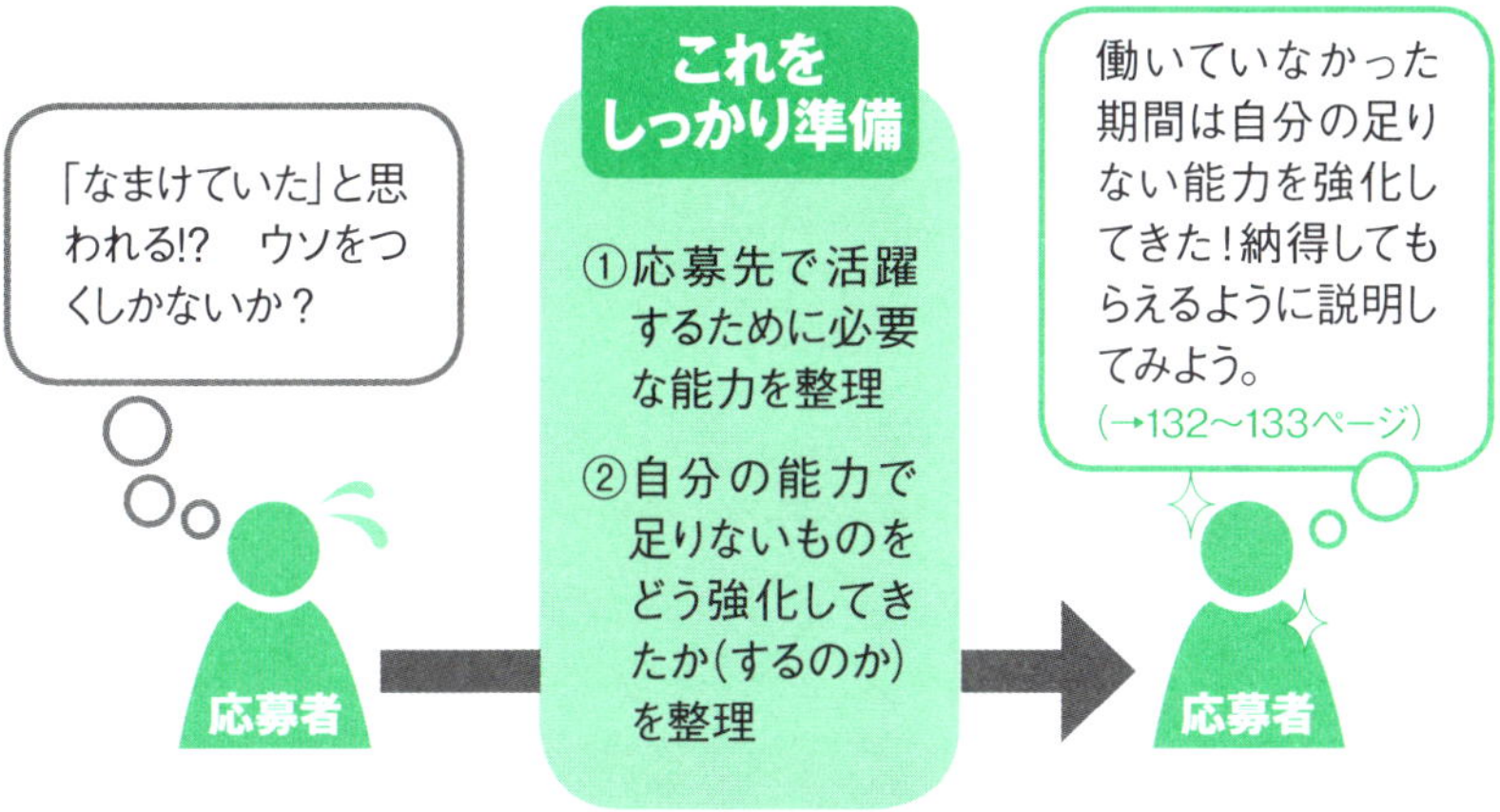
「なまけていた」と思われる!? ウソをつくしかないか？
応募者
これをしっかり準備
①応募先で活躍するために必要な能力を整理
②自分の能力で足りないものをどう強化してきたか(するのか)を整理
働いていなかった期間は自分の足りない能力を強化してきた！納得してもらえるように説明してみよう。

(→132〜133ページ)

応募者

採用担当のホンネ

不採用は「否定される」ことではない

不採用通知を受け取るのは辛いでしょう。それは誰しも同じだと思いますが、なかには「自分の存在価値が否定された」と考えてしまう方もいるようです。ただほとんどの場合、面接の内容がひどかったから不採用にしているのではなく、「接点」がなかったから、つまり我々企業側が求めていることと応募者の能力ややりたいことが合わなかったために不採用としているだけ。深く落ち込む必要はありません。

自分の市場価値を正しく知り、最大限PRする方法

不採用でも割り切って次へ進もう

どこかにチャンスはある

景気が長期間低迷すると、企業の募集が減ることがあります。書類選考さえ、なかなか通らないこともあるでしょう。

応募者からすれば、それはとても辛《つら》いこと。とくにはじめて転職活動をする人は、不採用通知が何通も来れば気が滅入るでしょう。

しかし、いちいちつまずいていては先へ進めません。「どこかにチャンスはある」と楽観的にかまえ、割り切って進んでください。**不採用を嘆くよりも、採用してもらうための自分の材料を吟味し、面接への準備に費やすエネルギーに転化させる**ことが大切です。

「やりたい」と「できる」を整理

ただ「楽観的に」とはいえ、転職活動で不採用が続いたときにはいったん立ち止まり、現実的な決断が必要な場合もあります。

転職活動を始めたばかりの人は、**自分の積み重ねてきたキャリアとは異なる「やりたい仕事」を追いかけがち**です。しかし転職活動では、積み重ねてきた年相応のキャリアが重要。「キャリアはないけど、やってみたい！」という思いだけでは厳しいのが現実です。

不採用から学ぶことは多いもの。取捨選択しながら、やりたいことができ、キャリアを生かせる仕事を見つけていきましょう。

転職ではキャリアが重要！

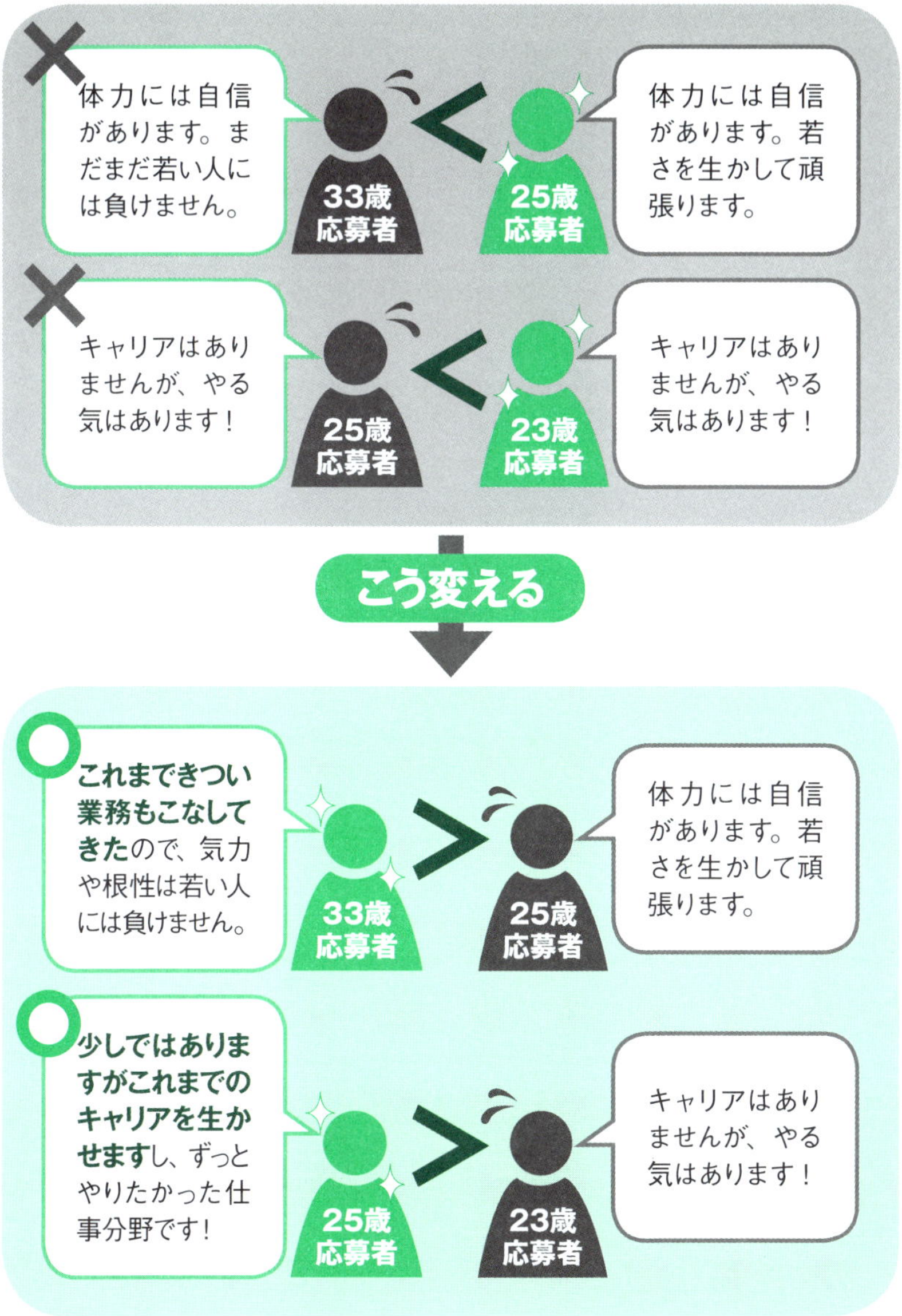
体力には自信があります。まだまだ若い人には負けません。
33歳応募者
25歳応募者
体力には自信があります。若さを生かして頑張ります。
キャリアはありませんが、やる気はあります！
25歳応募者
23歳応募者
キャリアはありませんが、やる気はあります！
こう変える
これまできつい業務もこなしてきたので、気力や根性は若い人には負けません。
33歳応募者
25歳応募者
体力には自信があります。若さを生かして頑張ります。
少しではありますがこれまでのキャリアを生かせますし、ずっとやりたかった仕事分野です！
25歳応募者
23歳応募者
キャリアはありませんが、やる気はあります！

▶ 企業はキャリアが同等であれば、より長く勤めてくれる人材を求める。年齢の高い応募者は、年齢差のハンデをカバーする強みをアピールすべきなので、年齢に合ったキャリアの洗い出しはしっかりとしておこう。

Column
細井が見た！
面接の“生”現場

「5年先のビジョン」を問う面接官がそれを語れない、笑えない事実

ネットビジネスの最先端をいく会社でのこと。

「5年後にどんな仕事をしたいですか？」と質問された応募者が「入社してから考えようと思っています。逆に5年先のビジョンをぜひ聞かせてください」と聞いてみたところ、面接官は答えに窮《きゅう》したそうです。

応募者に聞いておきながら自分では答えられない質問の代表格が「5年先のこと」。面接官にこの点を問いただすと、たいていこう反応します。

「5年先のビジョンをこれから一緒に作ってくれるような人材がほしい。会社のビジョンに頼るような安定志向の人には来てほしくない」——

これは論点のすり替えですね。「応募者にはビジョンを求めるが、会社やそこで働く人は夢やビジョンを持たなくてもいい」ということではないはずです。

ではなぜ面接官が5年先のことを聞きたがるかといえば、**面接官自身が5年先を語れないからこそ応募者に求めている**とも考えられます。先進的な企業ではとくに「その時点で最適なゴールやビジョンを考えられる人材」であり、かつ「世の中の変化のきざしをとらえ、考え出したゴールやビジョンをつねに見直せる人材」を求める傾向があるのです。

また「辞めずに踏ん張れるか」も知りたがっています。苦しいときによりどころとなる目標を見つけていれば「乗り越えよう」と頑張れる。よりどころとなる目標があるかどうか、いわゆる「WILL（やりたい！）」があるかどうかを知りたいのです。

Part 2
接点さえ伝えれば採用される！3つの接点と接点発掘の3ステップ

接点って何？
どうすれば見つかる？

自己分析、企業分析って
何をすればいいの？

何をいえば「ほしい」と
思ってもらえるんだろう…

〝接点〟を伝えれば採用される！誰でもできる「接点発掘法」

転職で伝えるべき「3つの接点」とその見つけ方

接点をイメージさせる

2章では、1章でも触れた〝接点〟について、応募者の視点から詳しく説明します。

転職面接では、応募者は応募先企業との〝接点〟を見つけて、それを相手にイメージさせることが必要。その接点とは次の3つです。

①今何ができるのか（CAN）

応募する仕事をできるか。どんな経験を積んで、何ができるようになっているか。…つまり、あなたの現在価値です。

②これから何がしたいのか（WILL）

今後何がしたいのか。いうなれば、あなたの未来価値です。

接点を意識して語る

「CAN」と「WILL」は、いわばあなたの価値ですが、3つ目は相性といえます。

③合っているか（CULTURE）

その仕事や社風に適合できるか。また上司や同僚、取引先を含めた職場環境に合っているか、が問われます。

面接前に必ずしておきたい準備は、この3つの接点を見つけること。見つけ方は、38ページから解説する「自己分析」「企業分析」「フィッティング」です。接点を意識して、過去から未来を貫く〝転職ストーリー（↓60ページ）〟を作れば必ず採用に近付けます。

面接の準備は〝接点〟を見つけることから

■ まずは3つの接点を見つける

「できる！」
CAN
自分は応募する企業の仕事ができるのか

＋

「やりたい！」
WILL
自分は応募先の企業でこれから何をしたいのか

＋

「合っている！」
CULTURE
応募先の企業の仕事や社風に適しているのか

3つの接点

▶ 応募する企業を想定しながら、接点を見つけることがポイント。実際に応募するかは別として、さまざまな企業との接点を探すことで、自分自身の強みが見えてくる。

接点を見つける方法

ステップ1 自己分析
自分のキャリアを振り返り、面接で語るエピソードや、今ある能力・強みを洗い出す作業
（→38～43ページ）

＋

ステップ2 企業分析
応募する企業が「どんな企業で」「どんな人材を求めているのか」を把握するための作業
（→44～49ページ）

→

ステップ3 フィッティング
自己分析と企業分析の結果をもとに、応募者が企業との「接点」を見つけ出す作業
（→50～57ページ）

▼

見つけた〝接点〟を意識して
〝転職ストーリー〟を組み立てる

▶ 面接前には「自己分析」「企業分析」「フィッティング」をして、企業との間の〝3つの接点〟をつかんでおこう。それをもとに転職のストーリーを組み立てれば、志望理由、転職理由、自己PRなどどんな質問に対しても一貫性のある回答ができるはず。

接点発掘ステップ
① 自己分析

自分の深層心理に気付く

レベル1（心がまえ）

ネガティブ要素は反転させる

過去の不満とどう付き合うか

〝接点〟を見つけるための一歩目は「自己分析」です。その基本は、自分のキャリアの振り返り（↓40ページ）ですが、その前にここでは「ネガティブな要素」と付き合うときのコツを解説します。

多くの転職希望者は、前の会社に不満があるもの。だから自分の過去と向き合うと「あんな仕事はやりたくなかった」「あの上司が嫌だから辞めた」などと後ろ向きの考えにとらわれがちです。しかし、そうしたネガティブな考えは、じつは「**本当はこうして働きたかった」ということの裏返し**なのです。

「これがイヤ」→「こうしたい」

「不満があるから転職する」との表現は、反転させ**「不満を解消したいから転職する」と表現**してみましょう。そうすると後ろ向きだった転職理由が、自分の気持ちにウソをつくことなく〝転職の目的〟に転換されます。

転職理由に不満しか浮かんでこない人は、まずは前職での不満をすべて紙などに書き出してみてください。そして、「○○が嫌だった」などという言葉を「次は○○な環境で働きたい」といった未来志向の言葉にしてみましょう。そうすることで、これからの希望条件や転職の目的があぶり出されるはずです。

ネガティブな転職理由の反転例

ネガティブな転職理由
（転職理由だと思っていること）

・ノルマのキツい営業はもう嫌だから。

・毎日残業で、家に着くのは午前1時すぎ。このままでは体を壊すと思うから。

・こんなに忙しいのに、給料が安すぎると思うから。

・経営が悪化してきて、社内がギスギスしているから。

反転 ▶

未来志向の転職理由
（これから実現させたいこと）

・ノルマのキツくない営業職として働きたい。

・週2回は定時で帰宅して、自分の体のケアをしたい。

・給料は安くてもいいから、自分の時間が持てるような環境で働きたい。

・小さい会社でもいいので、社内の人間関係が良好な環境で働きたい。

↓

自分が「本当に働きたい環境」が見つかる

▶ 書き出すときに気をつけたいのは、表面的な転職理由にとどまらず「なぜそう思うのか」まで考えること。たとえば「営業はもう嫌だ」と思っていても「なぜ営業が嫌なのか」と掘り下げて考えていくと、じつは「営業」が嫌なのではなく、してきた仕事の中身（ノルマがキツい、残業が多い、ルーティンワークが退屈など）が原因だったと気付く人も多い。

採用担当のホンネ

“いっちゃいけないこと”なんてない

転職活動をしている人の間では、「前職への不満はいっちゃいけない」という都市伝説的な常識があるようです。確かに我々企業側は、ネガティブな理由で転職した応募者を「同じ不満を当社にも抱くのでは？」と敬遠することがあります。ただその理由にフタをして「御社で成長したい」などと前向きな言葉で取りつくろい、結局私たちに見抜かれるパターンのほうがむしろ不採用につながります。“いっちゃいけないこと”を気にするよりは、自分と企業の接点を意識して語ってほしいですね。

接点発掘ステップ ① 自己分析 レベル2（基本）

エピソードをつむぎ出す

4つの場面を意識する

〝振り返り〟からエピソードを

キャリアの振り返りは自己分析の基本です。ただし面接の場では、やってきた仕事を漫然と述べるだけでは、伝わりにくいもの。そこで次の**4つの場面を意識**して振り返り、整理しておくことをおすすめします。

①**思い**＝「こんなふうに変えてみよう」という、今までの提案・アイデアなど。

②**行動**＝その思いをどう行動として表してきたか。

③**結果**＝さらに行動によって、どんな結果が生まれたか。成功したか、失敗したか。

④**学習**＝その結果を通し何を学んだか。

〝変化〟と〝成長〟をアピール

近年の傾向でいえば、指示された仕事をこなすだけの人より、目的や思いを持って仕事に取り組み、よりよい変化をもたらしてくれる人材が求められています。このため、上の①～④の要素を組み入れたエピソード（実体験）を語り、**面接官に「考えて働いてくれる人」とイメージさせられるかどうかが、採用をグッと引き寄せるポイント**になるのです。

何も成功体験である必要はありません。左ページのように、小さなことでも自分なりに学習し、成長した具体的なエピソードをなるべく見つけておきましょう。

キャリアの説明の基本ロジックと例

基本ロジック

❶思い	→	❷行動	→	❸結果	→	❹学習
今までの提案やアイデアなど		その思いを具体的にどう行動にしたか		その行動によって、どんな結果が生まれたか		その結果から何を学んだか

↓ このロジックをあてはめると…

例

面接官：あなたのこれまでの仕事について教えてください。

応募者：私は4年間、30〜40代女性向けの洋服や雑貨を扱うショップで販売をしてきました。そのなかで❶**心がけていたことは、お客様に「もてなされている」と感じてもらえるよう接客することです。** …… 思い

面接官：具体的にはどんなことをしたんですか？

応募者：❷**初めて来店された方にはお名前をうかがい、次に来店されたときにはお名前を呼びながら接客するようにしました。** …… 行動 これは私がマッサージを受けに行ったときに、担当の方から名前で呼ばれ、お得意様としてもてなされているという印象だったので、取り入れてみました。

面接官：それで何か変化はありましたか？

応募者：❸**1年間で、お客様のリピート率と売上が2割アップしました。** …… 結果
お客様をお名前で呼ぶうちに、お客様も私のことを名前で呼んでくださるようになり、よい関係が築けるようになったためだと考えています。
何より私自身が、接客しているのが楽しくなったことも売上が伸びた要因の一つだと思っています。
❹**お客様をもてなす気持ちを大事にし、同時に自分自身も楽しみながら接客することが大切だということを学びました。** …… 学習

接点発掘ステップ①　自己分析

レベル3（コツ）

「弱み」が、面接では「強み」になる!?

等身大の自分を確認する

「意識しておく」が大切

自己分析を始めると「自分にはスキルと知識が足りない」「過去に失敗がある」などの弱みがあぶり出されることがあります。しかしそこで立ち止まらないでください。それをきちんと意識できた時点からスタートです。

「応募先の企業に入ったとき、この能力は生かせるが、このスキルが足りない」と気付いたらチャンス。**足りないスキルを身につける行動を始めればいい**のです。下調べをする、勉強を始めておく、など面接前から足りない能力・スキルを意識して、身につけるための行動を始めてください。

自分を客観的に評価する

過去の失敗例もマイナスに働くとは限りません。たとえ**失敗しても、そこから学び、次の機会に生かせていれば、それはプラス材料です**。

すべてを兼ね備え、仕事を完璧にこなす人など、どこにもいません。面接官もそれはわかっているので、「足りないこと」や「失敗」を認識し、それを自分の糧《かて》として行動している応募者に対し、主体性と信頼性を感じます。

力が足りないうえに、それも自覚していないようではもちろんNG。「自覚して行動する」を心がけてください。

まずは足りないスキルをつかむことから

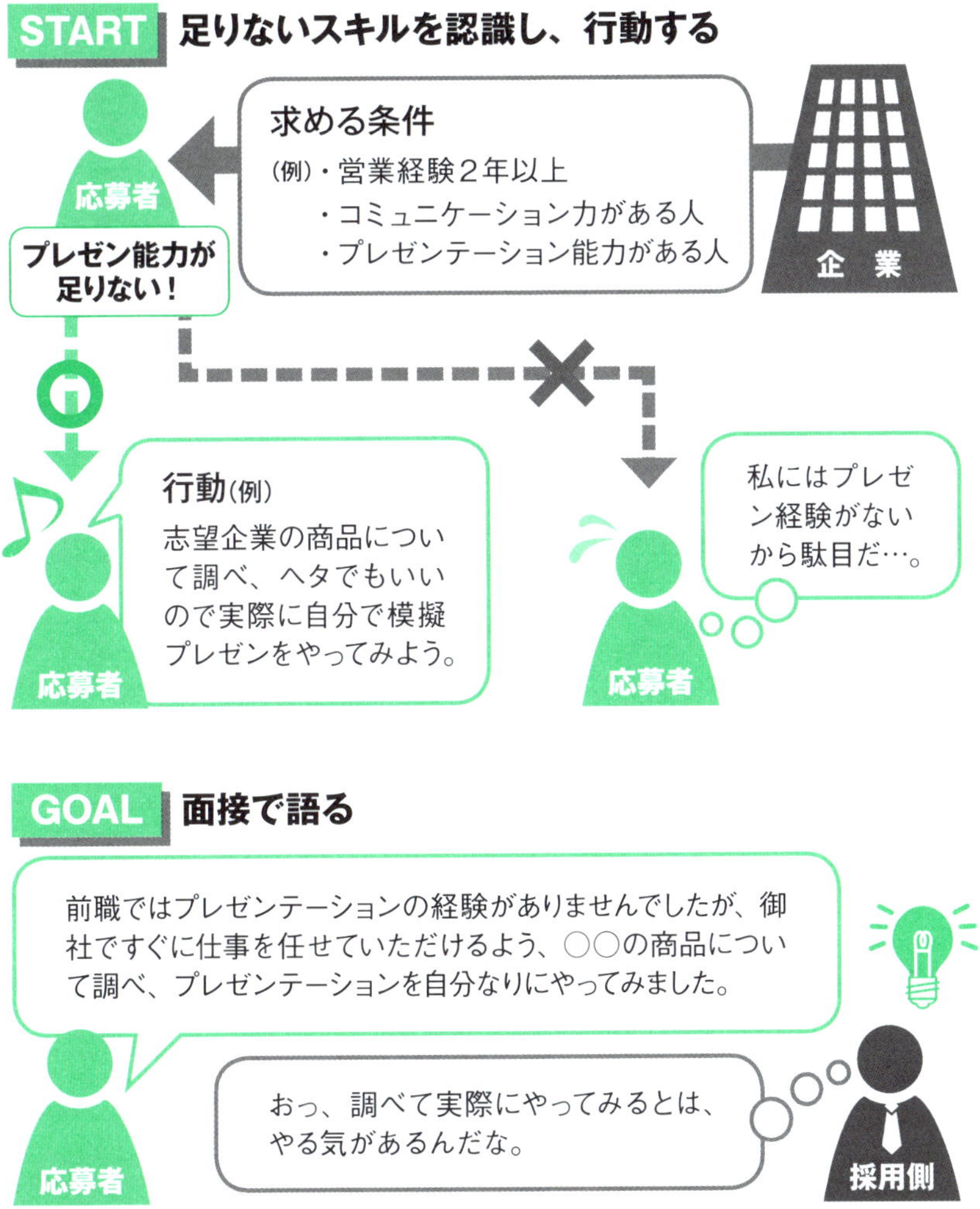
START
足りないスキルを認識し、行動する
求める条件
(例)・営業経験２年以上
・コミュニケーション力がある人
・プレゼンテーション能力がある人
企　業
応募者
プレゼン能力が足りない！
行動(例)
志望企業の商品について調べ、ヘタでもいいので実際に自分で模擬プレゼンをやってみよう。
応募者
私にはプレゼン経験がないから駄目だ…。
応募者
GOAL
面接で語る
前職ではプレゼンテーションの経験がありませんでしたが、御社ですぐに仕事を任せていただけるよう、○○の商品について調べ、プレゼンテーションを自分なりにやってみました。
応募者
おっ、調べて実際にやってみるとは、やる気があるんだな。
採用側

採用担当のホンネ

「人に負けないこと」なんてなくてもいい！?

私たちはよく「あなたが人に負けない強みはなんですか？」と聞きます。真面目な人ほど「人より優れているものは自分にはない」などと戸惑うものですが、これは言葉どおり受け止める必要はありません。質問のウラには「人に負けないと思うぐらい、意識して何かに取り組んできたか」を聞き出そうという狙いがあります。だから「絶対に誰にも負けないこと」ではなく「これまで意識的に取り組んだこと」を具体的に語ってほしいのです。

接点発掘ステップ

② 企業分析

レベル1（心がまえ）企業分析の深さで大きな差が出る！

企業は擬人化してつかもう

「やる気」を伝える近道

面接の場で採用側は、短時間で応募者の価値を見極めようとします。応募者が積極的に自分をPRせずに**「聞かれたことに答えればいい」という消極的なスタンスで臨むと、「消極的」「やる気不足」などととらえられかねません。**

ここで重要になるのが「企業分析」です。応募先が「どんな企業で」「どんな人材を求めているのか」を把握したうえで、自分との〝接点〟を伝えます。しっかり企業分析ができていれば「綿密に調べてきている＝やる気がある」と評価されるでしょう。

人にたとえてイメージ

まったく知らない会社をイメージするとき、その**会社を人間にたとえると特徴がつかみやすくなります。**

たとえば販売品目や従業員の男女比率を見れば、その会社が男性的なのか女性的なのかがつかめますね。また、設立年からは若いのか高齢なのかが、従業員数や売上規模からは家族の大小が、関連会社からは親戚筋の顔ぶれもイメージできるでしょう。

さらに企業の沿革などから、どういう育ち方をしているのかまでつかめればライバルと相当差がつきます。

企業を擬人化してみる

■老舗服飾メーカーの例

大手老舗企業の系列会社
▶その家のルールやシステムががっちりと固まっていそうだ。

従業員の4割が女性。メイン商品は女性向け
▶女性的

創業80年
▶年配の人

関連会社が多数
▶何か決断するときは、親戚筋におうかがいを立てなければ…。意思決定に時間がかかりそうだ。

■ベンチャー系通信会社の例

親会社はなし
▶自分たちだけの判断で動けるので、スピード感がありそうだ。

従業員の8割が男性。メイン商品は男性がターゲット
▶男性的

創業8年
▶若い人

買収で子会社が増えている
▶子どもの世話(出向) をすることもあるかもしれないな…。

細井流！ チェックポイント

「コミュニケーション力」の本質をつかむ

よく企業の募集条件に「コミュニケーション力がある人」とあります。この「コミュニケーション力」という言葉は、採用側からいえば「ウチの会社で役に立つコミュニケーション力がある人」という意味。同じコミュニケーション能力でも求められているのは「どんな相手にも気後れせず話せる力」なのか、あるいは「人の話を我慢強く聞き、対応できる力」なのかなど、企業分析をしてその本質をつかんでおくとよいでしょう。

接点発掘ステップ② 企業分析

レベル2（基本）プロファイラー気分で情報収集

「現場」を歩き、やる気を伝える

断片的な情報を掘り下げる

企業の特徴をつかんだら「プロファイリング」をするつもりで企業分析を始めましょう。

プロファイリングとは、犯罪捜査から生まれた言葉で、証拠品や犯罪の手口などから「おおかたこんな人間だろう」と類推していく手法のこと。企業分析でも同じことをすればよいのです。

求人情報や企業のホームページには断片的な情報しか提示されていません。ホームページだけ眺めて、企業分析をした〝つもり〟になってしまう人がいますが、より採用に近付くには**〝足で情報を稼ぐ〟のが有効**です。

1日かけて情報収集

たとえば「東京の高級スーパーのバイヤー職」に応募するのであれば「東京　高級スーパー」とネット検索し、ヒットした高級スーパーを1日かけてまわり、観察するのです。

現場へ行けばネットでは得られない情報がたくさん手に入ります。そのうえ面接でも「1日かけて全部まわって、お客様の行動を観察してきました」などと語れば、面接官に好印象を与えられるでしょう。さらに**「観察した結果、自分はこのように取り組みたい」と「プラン」までを披露すれば、面接官は「やる気がある」と受け取る**はずです。

企業分析の精度はこうして現れる

■頭のなかだけで考えた例

Before

面接官：志望理由を教えてください。

応募者：ホームページを拝見し、御社のモノ作りへのこだわりにすごく魅力を感じ、情熱を込めて作られた商品を広く売る仕事をしたいと感じたからです！

面接官：ホームページを見ていただいたんですね。では、当社の売り場で気になるところなどありましたか？

応募者：あ、いえ、実際の売り場のほうはまだ…。

▶ 売り場があるにもかかわらず、そこに行ったことがないとなると、志望理由を熱く語ったところでその言葉に説得力がなくなってしまう。

■現場を歩いて考えた例

After

面接官：志望理由を教えてください。

応募者：ホームページを拝見し、モノ作りへのこだわりにたいへん魅力を感じ、情熱を込めて作られた商品を広く売る仕事をしたいと感じたからです。また売り場も拝見し、幅広いお客様に支持されていることを知りました。

面接官：売り場も見ていただいたんですか？

応募者：はい。ホームページの取扱い店一覧から東京にある売り場を何店舗かピックアップし、半日かけてまわってみました。比較的高価な商品だとは思いますが、ほとんどのお客様が迷わずすっと手に取っていかれていたのが予想外の発見でした。

▶ 現場を歩いていない例と比べると、面接官に「やる気」をアピールする効果は歴然。さらに一歩進んで、「自分だったらこういう売り方をしたい」といえればなおよい。

接点発掘ステップ ② 企業分析

レベル3（コツ）
30分で差をつける情報収集術

転職活動中のネット活用法

ウェブ情報から〝イメージ〟する

前述したとおり、応募先のホームページを見るだけでは、企業分析は不十分です。しかし「企業分析のために1日使える余裕のない」人のために、30分でできるネット活用術を2つご紹介します。

まずホームページの情報から**「自分のする仕事」を具体的にイメージする方法**です。

営業職志望であれば「取引先」を見てその取引先のホームページもチェック。「この会社に売るんだな」とイメージしてみてください。つまり大切なのは「見る」から一歩進み、実際の仕事を「イメージ」しておくことです。

「検索」で情報収集

2つ目は「検索機能」の利用です。求人票に載っている要素をグーグルなどの検索エンジンに打ち込んでみるのです。

たとえば**応募先の業界・職種を検索**してみてください。すると、その職業に就いている人のブログが引っかかり、有益な情報が手に入ることもあります。あるいは**企業名をそのまま検索**してみると、**企業発信の情報だけではない「こぼれ話」が拾える**かもしれません。

応募者の多くは、こうした情報収集を案外やっていないものです。30分やるだけでも大きな差がつきます。

ホームページの活用法

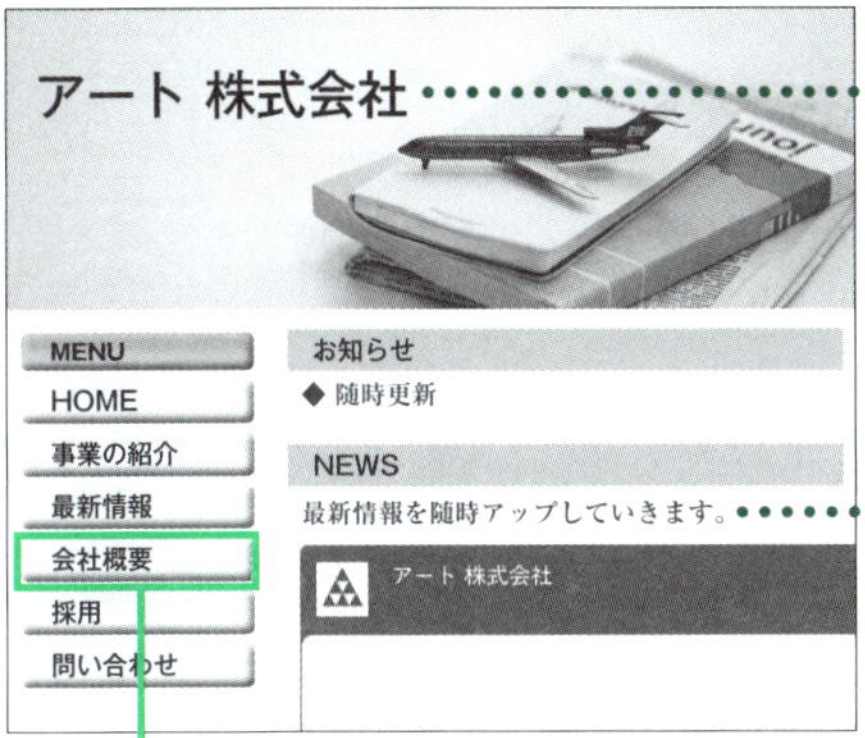
アート 株式会社
MENU
HOME
事業の紹介
最新情報
会社概要
採用
問い合わせ
お知らせ
◆ 随時更新
NEWS
最新情報を随時アップしていきます。
アート 株式会社

会社商号	アート 株式会社
所在地	東京都千代田区神田須田町 ×ー×カンダビル4階
設立	1971年
役員	代表取締役／山田正夫
従業員数	50名
事業内容	出版業界への企画・編集・ デザインまでトータルに提案
関連会社	株式会社 山崎書店 株式会社 インターコミュニケーションズ

企業名を検索

企業発信ではない情報が入手できる可能性も。

最新情報をチェック

「NEWS」などその会社の最新情報は欠かさずチェック。随時更新されるので、面接直前にも見ておきたい。

役員名を検索

社長や重役のブログなどから、企業の考えがのぞけるケースも。

事業内容を検索

同業他社のホームページやブログなどが引っかかり、比較分析できることも。

取引先の企業名を検索

実際に自分がどんな企業を相手に仕事をするのかをイメージしやすくなる。

社史があれば見ておく

企業によっては、社の歴史をつづったページを開設していることも。「設立当初はまったく違う業種だった」など意外な発見があることも多いので、確認しておきたい。

細井流！
チェックポイント

こんな応募者にはがっかり…

ある企業の採用担当者から聞いた実話ですが「（面接の最後に）何か質問はありますか？」と応募者にたずねたところ、「なぜ私を面接に呼んでくれたんですか？」と返されたそうです。面接官は「ほかに聞きたいことはないんだろうか」とがっかりしたとのこと。企業分析をしていれば、自分の何を期待されているのかなど推測できるはずです。

接点発掘ステップ③ フィッティング

試着する気分で接点を見つける レベル1

じつは一番重要な面接までの準備

入社したつもりでイメージ

自己分析と企業分析を進めたら「フィッティング」をしていきましょう。フィッティングとはいわば〝試着〟のこと。ここでは「着たつもり」ではなく、**「入社したつもり」になって具体的にイメージ**していくのです。

自己分析と企業分析をもとに、接点はあるかどうか、いいかえれば「求人と合致する能力があるか（CAN）」「将来やりたいことができるか（WILL）」「社風に合うか（CULTURE）」を確認していきます。

なぜなら「買おうとしている服が似合わない」場合もあるからです。

自分と企業は合っているか

フィッティングは企業と応募者との「接点」を見つける作業なので、面接までの準備のなかでもっとも重要といえます。

なぜなら自己分析と企業分析をしっかりしても、接点を意識していないと無駄な労力になってしまうからです。

極端な例でいうと、「自分では、一つの業務にじっくり取り組める環境を望んでいた（自己分析）のに、納期までのスパンが短くスピード感が求められる会社（企業分析）に応募してしまいかねない」のです。

接点を意識すればミスマッチは減らせます。

企業は自分に、似合わない？ 似合う？

■ 似合っていない例

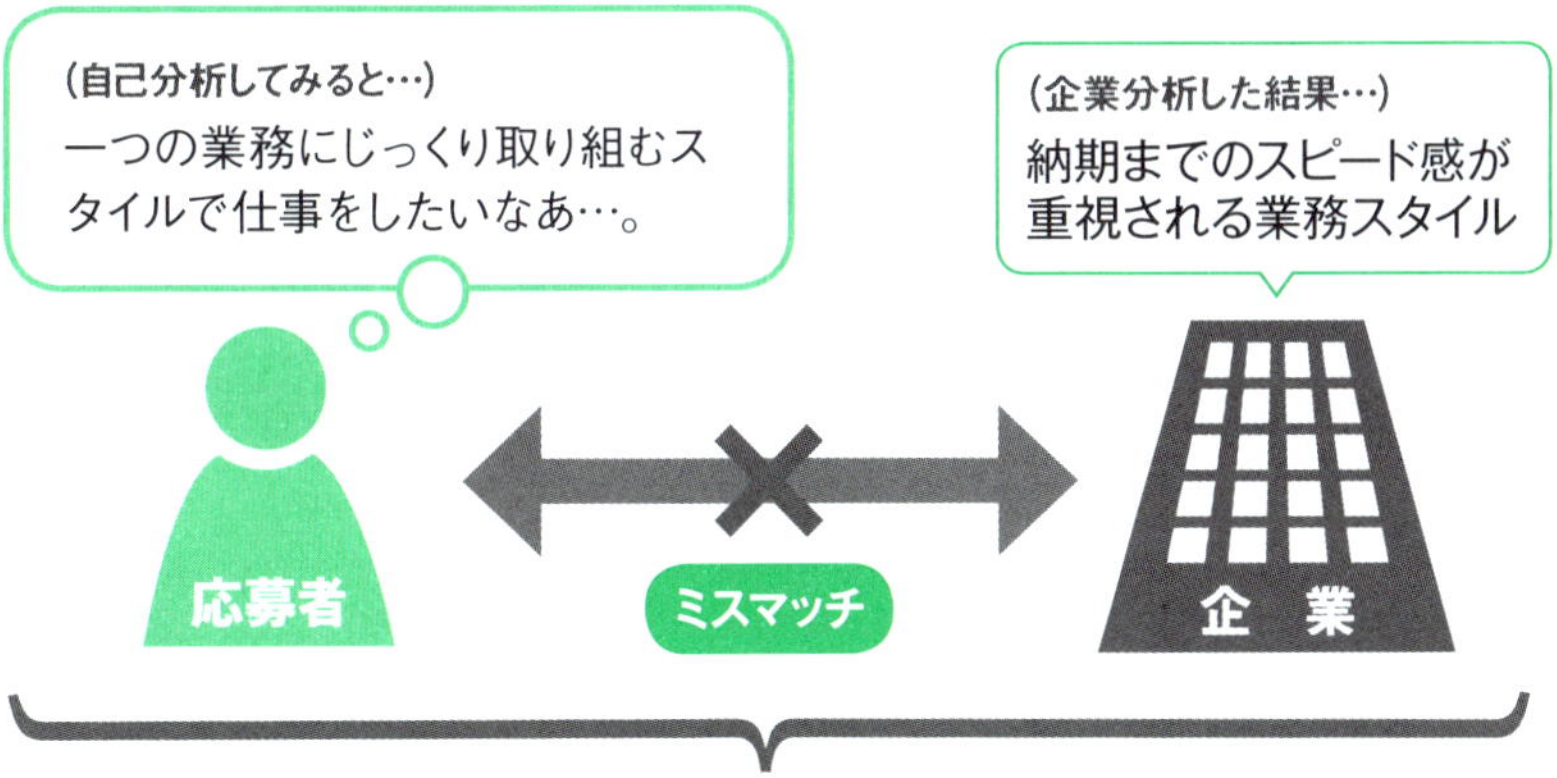
（自己分析してみると…）
一つの業務にじっくり取り組むスタイルで仕事をしたいなあ…。
（企業分析した結果…）
納期までのスピード感が重視される業務スタイル
応募者
ミスマッチ
企 業

応募者と企業のカラーが合っていない

▶ 業務スタイルや社風の合わない（似合わない）企業に入社しても、結局また退職してしまう可能性が高い。

■ 似合っている例

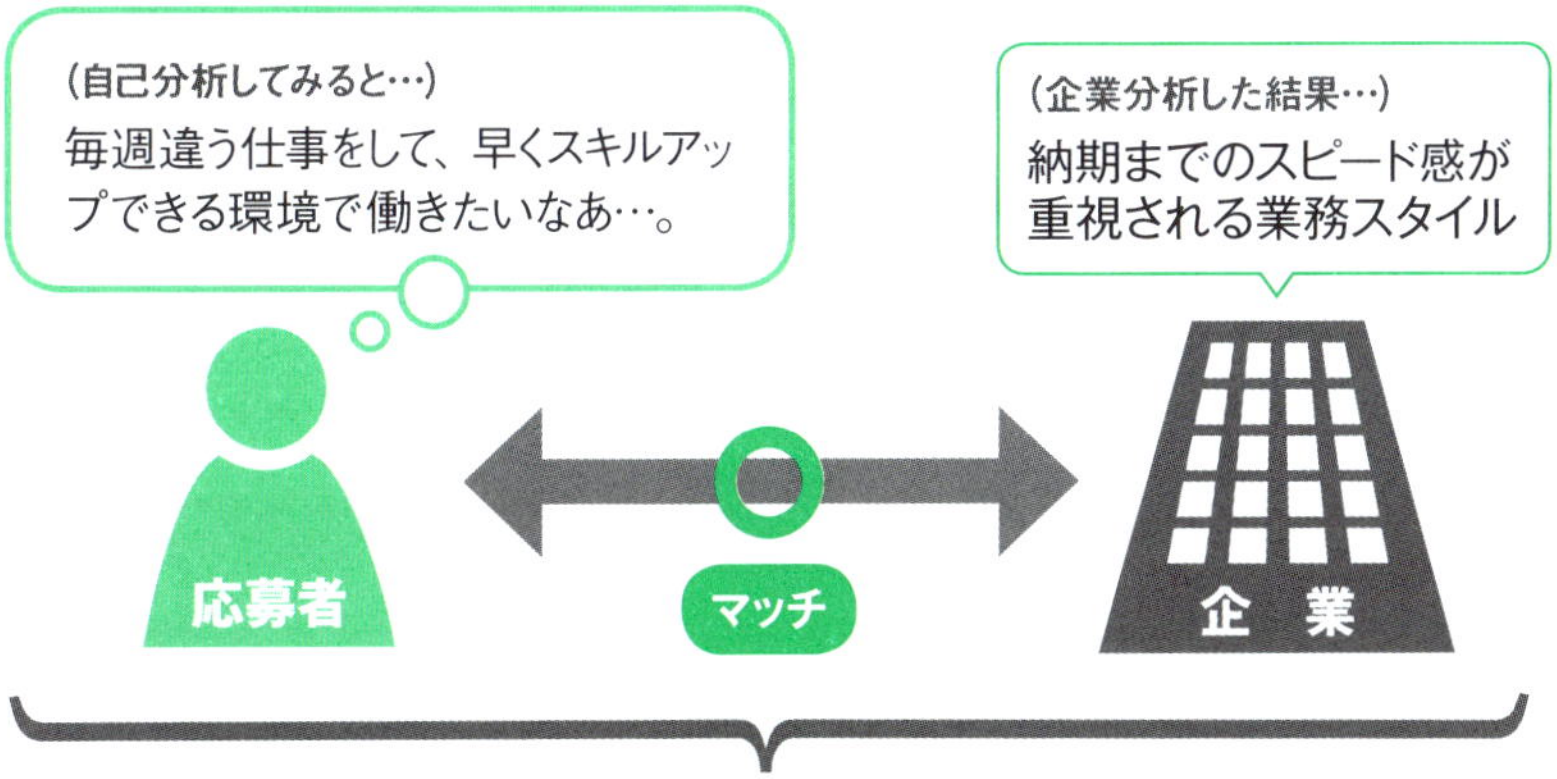
（自己分析してみると…）
毎週違う仕事をして、早くスキルアップできる環境で働きたいなあ…。
（企業分析した結果…）
納期までのスピード感が重視される業務スタイル
応募者
マッチ
企 業

応募者と企業の特性が合っている

▶ 「実際にこの会社で働いたらどんな毎日になるのか」までを想像すれば、似合う企業を見つけやすい。

接点発掘ステップ③フィッティング　レベル2

将来の希望は書き出して整理する

希望条件を求人に照合

希望条件を書き出す

応募する企業を選ぶ際には、求人の内容が「自分の希望条件に合っているか」を確認する必要があります。

そのために、まずは自分の**希望条件を紙などにすべて書き出して**ください。「給料は月30万円以上ほしい」「顧客とじっくり付き合うタイプの営業をしたい」など、なんでもかまいません。

そしてその**希望条件を求人票と照らし合わせ、接点があるか**（＝自分の希望条件を満たす企業・仕事であるかどうか）**を確認**してみてください。

希望条件には優先順位を

ただし気をつけておいてほしいのは、希望がすべてかなう求人は、なかなか見つからないということ。

希望どおりの求人を探しすぎた末の「転職活動の長期化」を避けるためにも、自分の**希望条件に優先順位をつけて、整理しておく**ことが大切です。

たとえば、希望条件の1位が「顧客とじっくり付き合うタイプの営業をしたい」なら、「月給30万円以下でもかまわない」と見切りをつけるなど、譲れる条件と譲れない条件を分けておくとよいでしょう。

希望条件はこう整理する

希望条件

- 土日は休みがいい
- 裁量の幅が広い仕事をしたい
- 週２日は定時で帰りたい
- 年収50万円アップ
- ノルマのキツくない営業職
- 転勤はしたくない
- 自分のスキルを生かしたい
- 有給休暇の消化率がよい
- 安定した大企業
- 大きなプロジェクトに携わりたい

応募者

優先順位をつける

整理された希望条件

譲れない条件		譲れる条件	
1	裁量の幅が広い仕事をしたい	6	転勤はしたくない
2	自分のスキルを生かしたい	7	ノルマのキツくない営業職
3	大きなプロジェクトに携わりたい	8	安定した大企業
4	年収50万円アップ	9	有給休暇の消化率がよい
5	土日は休みがいい	10	週２日は定時で帰りたい

▶頭のなかで考えていても、なかなか整理しにくいもの。紙に書き出す、パソコンに打ち込むなど方法はなんでもよいので、とにかくアウトプットするのがコツ。思いつくまま書き出してから、優先順位をつけていこう。

接点発掘ステップ③フィッティング　レベル3

5W1Hで仕事を仕分ける

共通項を見つけ出し、求められているキャリアを洗い出す

仕事の成分を分解

自分の希望を満たす求人が見つかったら、次に「自分は企業がほしがっている人材に合っているかどうか」を確かめましょう。

そのためにはまず、前職の仕事の内容を「5W1H」で分解していきます。**「何を（Ｗｈａｔ）」「誰に／誰と（Ｗｈｏ）」「なぜ（Ｗｈｙ）」「いつ（Ｗｈｅｎ）」「どこで（Ｗｈｅｒｅ）」「どのように（Ｈｏｗ）」と分けてみて、仕事の成分を洗い出す**のです。

それが終わったら応募を考えている企業の仕事内容を分解し、同様に成分を整理します（→56ページに例）。

異業種でも接点はある

洗い出したそれぞれの成分を項目ごとに照らし合わせてください。そうすると**どこが共通して、どこが違うのかがあぶり出されてくるはず。共通の部分が〝接点〟**です。

たとえば住宅の営業マンだった人なら「一戸建て住宅を（Ｗｈａｔ）」「富裕層を中心とした個人顧客に（Ｗｈｏ）」と書き出します。次に保険商品の営業に転職するなら「高額な保険商品を」「富裕層を中心とした個人顧客に」と書き出します。こうすることで、たとえ異業種であっても「高額商品を富裕層の個人顧客に売る」という接点が見えてきます。

求人票を5W1Hに仕分けしてみよう

■求人票サンプル

求人票

○○生命保険株式会社　東京本社

**ライフプランナーがお客様に合ったオーダーメイドの保障を提案し
生涯にわたってサポートしています。
ライフプランナーを支える本社組織・制度・システムも充実しています。**

企業概要

代表者	代表取締役社長　△△△△	**株式公開**	非公開
概　要	設立：20××年4月／従業員数：5,500名／資本金：10,000百万円		
本社所在地	〒101-××××　東京都千代田区神田須田町×××		
本社以外の事業所	大阪支社、九州支社など、全国に支社を展開		
事業内容・商品・販売先等	生命保険業及びそれに付随する業務。ライフプランナーによる、富裕層を対象とした資産計画立案型の保険営業が特徴。		

求人概要

仕事の内容	単に保険を販売するのではなく、お客様の資産を高めることを目的としたコンサルティング営業です。商品提案の幅が広く、さまざまな分野で裁量権の高い職場環境です。主な営業対象は事業主・医師・弁護士などの富裕層になります。
必要な能力・経験	2年以上の営業経験（個人／法人不問。業界経験不問）、コミュニケーション力のある方、自ら考え動ける方
雇用形態	正社員
試用期間	有　（6か月。試用期間中の勤務条件は正社員と同じ）
勤務地	東京本社（東京都千代田区／○○駅徒歩5分）

勤務条件

◆**想定年収**：350万～750万円　◆**月給**：非公開　◆**賃金形態**：月給制
◆**通勤手当**：一定額まで支給　◆**残業手当**：有（管理職はなし）
※上記はあくまで目安です。前給・経験・能力を考慮のうえ決定させていただきます。

就業時間	9:00～17:00 ◆**所定労働時間**：7時間（休憩60分） ◆**フレックスタイム制**：有　◆**残業**：有（自己裁量）
休　日	年間130日（内訳：土曜、日曜、祝日、年末年始3日、夏季休暇）

▶▶▶仕分け例は56ページ

仕事の成分を5W1Hに分解

■求人票サンプル（→55ページ）の仕分け例

What（何を）	保険の金融商品（高額商品）を
Who（誰に／誰と）	事業主・医師・弁護士などの富裕層に
Why（なぜ）	お客様の資産を高めるために
When（いつ）	お客様の生涯にわたって
Where（どこで）	○○生命保険株式会社東京本社で
How（どのように）	コンサルティング営業で

↓ 噛み砕く

このようにいいかえる！

・お客様と信頼関係を築き、じっくり話を聞いて要望を聞き出しながら
・お客様に合った商品を考え、自分の提案力を生かしながら

▶仕分けで抽出した言葉はなるべく噛み砕いて表現すると、接点が見つけやすくなる。上の例でいえば「コンサルティング営業」というと接点のある仕事が限られるが、「お客様の要望を聞き出しながら、自分の提案力を生かせる営業」と考えれば幅が広がる。また「保険の金融商品」を噛み砕き「高額な商品」と表現すると、接点はさらに見つけやすくなる。

一見違う仕事でも接点は見つかる！

	幼稚園の先生	接点の有無	保険の営業
何を（What）	・園児やその親に教育保育サービスを	✕ 接点なし	・保険商品（高額商品）を
誰に／誰と（Who）	・300人以上の園児とその親に	○ 接点あり 接点：子どもを持つ親（個人）	・主に家族がいて保障を見直したい人に
なぜ（Why）	・親が安心して満足できるような地域で一番の幼稚園になるために	✕ 接点なし	・客の資産を高めるために
いつ（When）	・入園から卒園までの3年間を	○ 接点あり 接点：長い期間	・できるだけ長期間
どこで（Where）	・地域に密着した民間の幼稚園で	○ 接点あり 接点：特定の地域で	・地域限定の職場で ・国内保険会社で
どのように（How）	・毎日の教育と定期的な面談、入園後の懇談会などを行って	○ 接点あり 接点：お客様と定期的に会い、要望を聞きながら	・お客様と定期的に会い、要望を聞きながら商品を提案して

▶ まったく違うように見える職業でも「子どもを持つ個人の客」を相手にする点（誰に）や、「長期間」良好な関係を保たなければならない点（いつ）は共通。この接点に気付けば「幼い子どものいる親との会話は得意」「長期間、良好な関係を保つ力は鍛えられている」などとPRできる。ほかにも「地域限定の職場で（どこで）」「定期的に客とコミュニケーションを図って（どのように）」などの接点もある。

まとめ

「自己分析」&「企業分析」↓「フィッティング」で接点発掘

転職面接は〝商品〟と〝ニーズ〟を結ぶ営業活動

新卒とは違う「自己分析」が必要

38～57ページで解説した「自己分析」「企業分析」「フィッティング」は、転職活動を左右する大切なポイントです。くどいようですが、ここで改めてその位置付けを説明しておきます。

そもそも転職活動は、ビジネス活動と同じ。応募者は面接で「キャリアを積んだ自分」という商品を応募先の企業に売り込まなければなりません。より有効に売り込むために、**自分という商品の特徴（経験・能力）はどういうものなのか、売り込む材料を見つける作業が「自己分析」**です。

分析結果をもとにフィッティング

自己分析で特徴をつかんだら、今度は応募先の〝ニーズ〟をつかまなければなりません。どんなにいい商品でも、相手にまったくニーズがなければ売れないもの。その方法が「企業分析」です。応募企業の特徴や業務内容、ほしがっている人材を積極的にリサーチしましょう。

そして**自己分析と企業分析をもとに行うのが「フィッティング」**。これが、応募者の特徴と企業のニーズが一致する点、つまり応募者と企業の〝接点〟を見いだしていく方法なのです。

接点の見つけ方は3ステップで

STEP1 自己分析 （→P38～P43）

応募者：自分にはどんな経験・能力があるんだろう。

▶ **自分のキャリアを洗い出す**

STEP2 企業分析 （→P44～P49）

応募者：応募先の企業はどんな人材をほしがっているんだろう。

▶ **会社のニーズをつかむ**

STEP3 フィッティング （→P50～P57）

応募者のキャリア（例）

個人向けの賃貸マンション営業職として、スピード感のある売り込みには自信がある。

会社のニーズ（例）

個人向けの営業を強化したがっている。競争の激しい業界だからスピード感を求められる。

キャリアとニーズが合致
・個人向け営業
・スピード感

▼

これが面接で語るべき「接点」

細井流！
チェックポイント

出会いの機会が狭まる自己分析はいらない

転職活動でも基本は「自己分析」。就活時、かつて皆さんも「どんな仕事をしたいのか」を考えたことでしょう。しかし転職では、「やりたい仕事」に固執すると応募先を減らすリスクがあります。「やりたい」と思い込んでいる仕事以外でも、能力を発揮し伸ばしていける仕事は必ずあるはず。視野を広く持ち、より多くのチャンスにめぐり合うのが成功の秘訣です。

＋αのテクニック

「エピソード」と「ストーリー」を練り込む

「接点」をイメージさせるコツ①

ポイント1　「エピソード」を語る

Ｐａｒｔ２の最後に、面接官に接点を伝える〝４つのコツ〟を紹介しておきます。

一つ目はエピソード（実体験）を語ることです。転職面接では必ず、応募者のこれまでの仕事内容や経験が問われます。そのときに**面接官が具体的なイメージを描けるようにするには、エピソードが重要**なのです。

エピソードは、具体的であるほど説得力が増します。「○○の営業をしていました」で終わるのではなく「こんな知恵を出して行動に移し、このような成果が得られました」と具体的な経験を語りましょう。

ポイント2　「ストーリー」をつむぐ

２つ目のコツは「前職に就いた理由」から「なぜ辞め」「なぜ応募先の企業を志望するのか」までの**転職ストーリー（物語）を作る**ことです。とくに「転職理由」と「志望理由」を語るときに大切になります。

なぜならば転職面接の場合「なぜ前職を辞めるのか（転職理由）」を問われます。ここでの答えが、「辞めて何をしたいのか（志望理由）」と一貫していなければ、面接官は納得できません（→Ｐａｒｔ３で詳述）。

過去、現在、未来がつながるストーリーを伝えなければならないのです。

「エピソード」「ストーリー」が重要なワケ

■エピソード（キャリアチェックの場合）

Before

応募者：○○百貨店で日々、試行錯誤しながら販売の仕事をしてきました。

After

応募者：○○百貨店で３年間、「季節ごとのお客様の購買意欲の変化」を意識して、試行錯誤しながら店内のレイアウトを変え、その結果、顧客単価が7％アップしました。

▶キャリアチェックではとくに、面接官が具体的に「働きぶり」をイメージできるよう話すことが重要。「何を意識して」「何をしたのか」「どんな結果を生んだのか」を、詳しく語れるよう整理しておこう。「その結果何を学んだか」まで話せればなおいい。

■ストーリー（転職・志望理由の場合）

Before

面接官：今勤めている不動産会社の営業の仕事は、なぜ辞めるのですか？

応募者：不動産の営業はノルマが厳しく、自分には合っていないと感じたからです。

面接官：では、なぜ当社を志望したのですか？

応募者：以前から広告の営業という仕事をやってみたいと思っていたので、この機会にぜひ挑戦し、これまでの営業経験を生かしたいと思ったからです。

面接官：…ではなぜ、不動産営業の仕事をしてきたんですか？　それに当社の営業でも一定のノルマはあるのですが…。

応募者：…………。

▶転職理由で（不動産）営業は向いていない、としつつ志望理由で営業経験を生かしたいといっており、論理的に矛盾している。まず全体のストーリーを組み立ててから、転職理由や志望理由を考えていけば、一貫性のある回答ができる。

+αのテクニック

未来を示す「プラン」と気をつけたい「第一印象」

「接点」をイメージさせるコツ②

ポイント3　「プラン」を立てる

面接官に「接点」をイメージさせるコツの3つ目は**「入社したら、これをやりたい」というプランを語る**ことです。難しく考えず、なりきり感覚で準備してみてください。

まずは「この会社に入ったらどんな毎日になって、どんな仕事をするんだろう」と想像してみます。すると、転職先の仕事をより具体的にイメージでき、さらに「自分だったらここから取り組むぞ」とプランを発想できるでしょう。そのプランを面接で提案すれば、**「本気で入社を考えているんだな」と高い評価が得られる**はずです。

ポイント4　「第一印象」を演出する

最後のコツは第一印象に気を配ること。極端な演出は不要ですが、大事なことです。なぜなら、人は最初に会った瞬間、驚くほど大量の情報を互いにやりとりするからです。情報は、何も言葉だけではありません。出会い頭の直感からも多くのことを想像するのです。

ほとんどの場合、**面接官は最初の数分で応募者のイメージを「仮説」として作ってしまいます。そして、残りの時間は、それを「検証」する**のです。

鏡に向かい、なるべく印象がよくなるよう準備しておきましょう。

「プラン」「第一印象」が重要なワケ

■「プラン」は高評価への近道

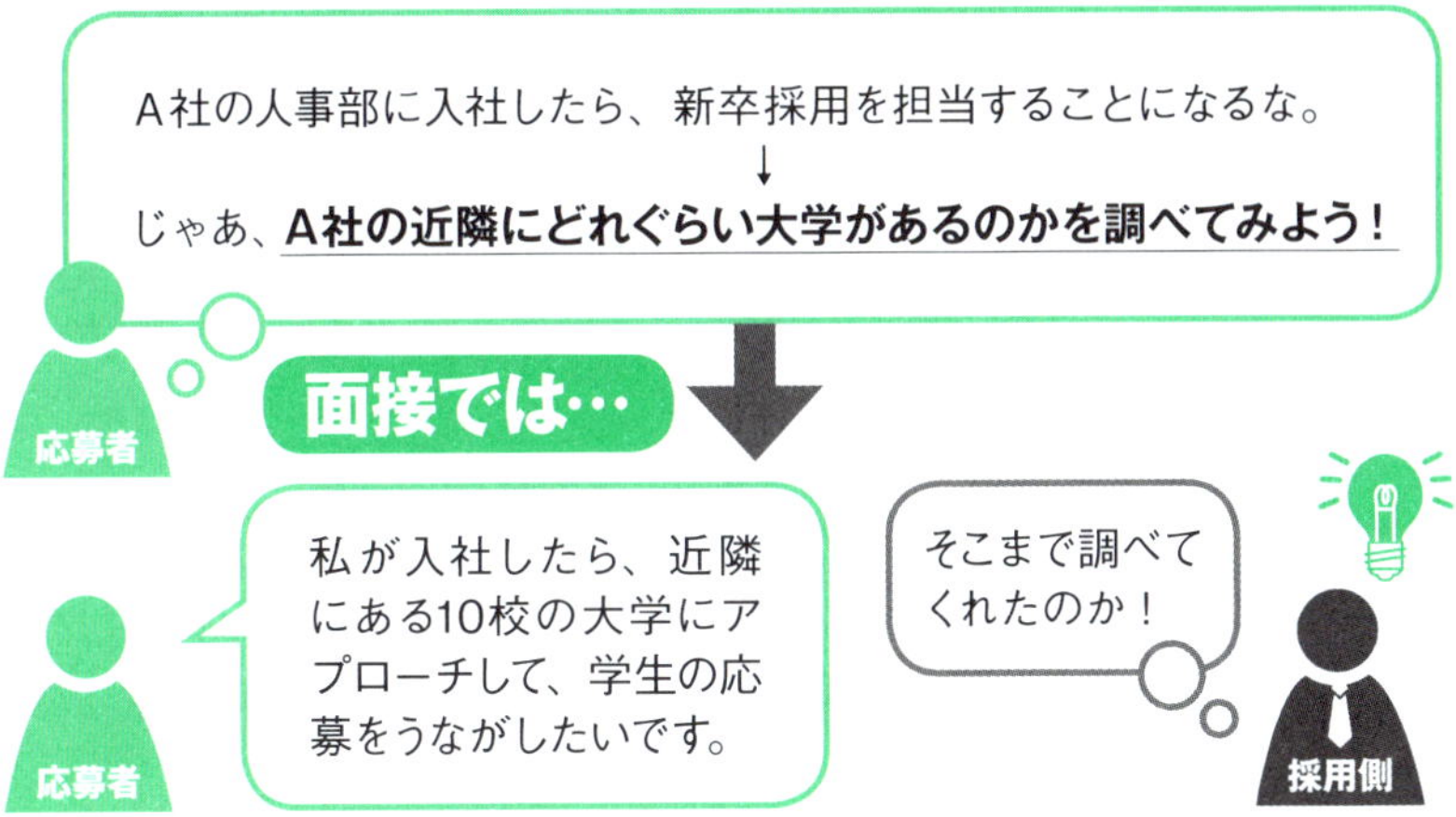
A社の人事部に入社したら、新卒採用を担当することになるな。
↓
じゃあ、A社の近隣にどれぐらい大学があるのかを調べてみよう！
応募者
面接では…
応募者
私が入社したら、近隣にある10校の大学にアプローチして、学生の応募をうながしたいです。
そこまで調べてくれたのか！
採用側

▶「これまで培った能力を生かす」だけでなく、一歩踏み込んで「私だったらこうやります」までいえるとGOOD。すぐに動き出せる準備ができていることに対し、面接官は高く評価する。

■第一印象が悪いとこうなる

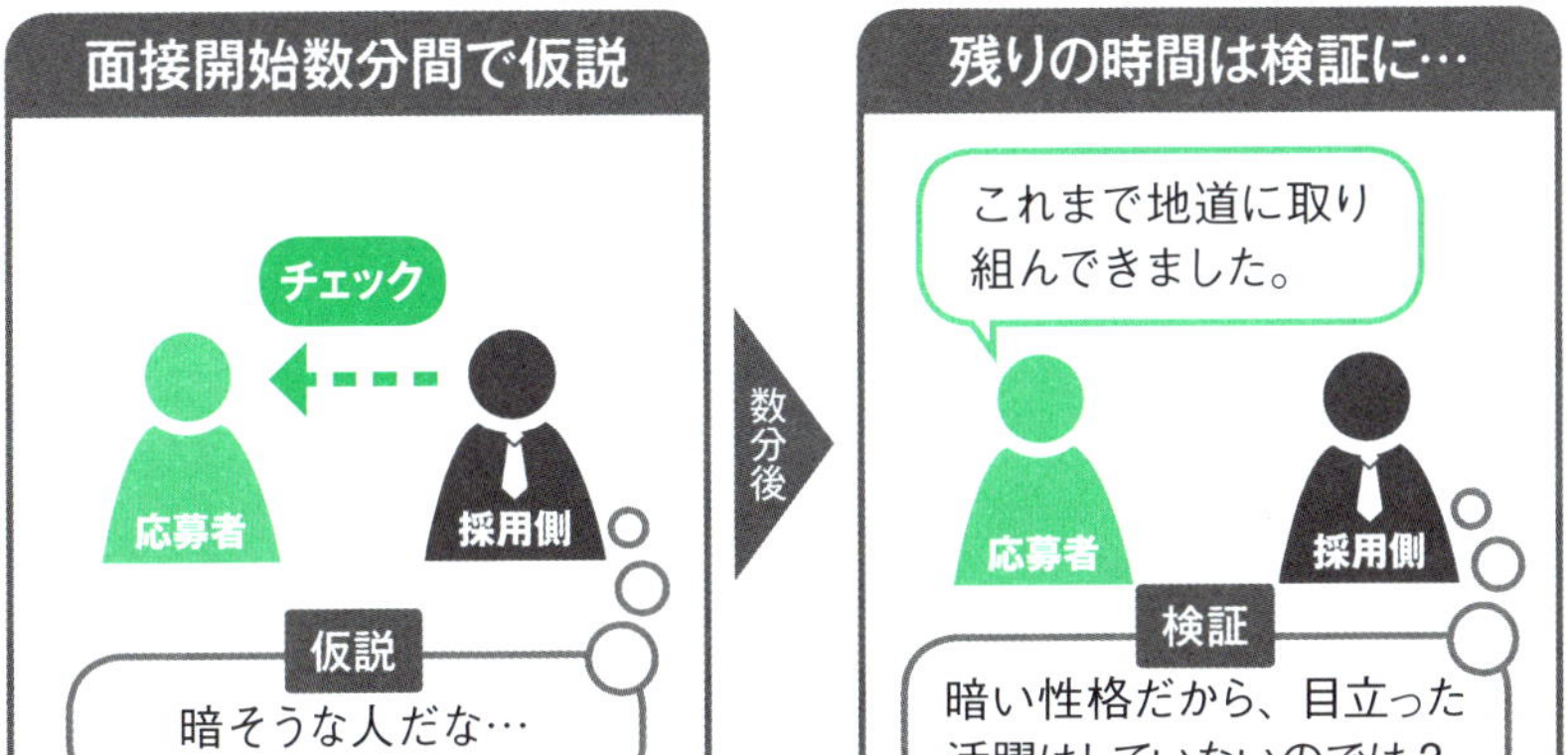
面接開始数分間で仮説
チェック
応募者
採用側
仮説
暗そうな人だな…
数分後
残りの時間は検証に…
これまで地道に取り組んできました。
応募者
採用側
検証
暗い性格だから、目立った活躍はしていないのでは？

▶第一印象のよい人と悪い人では、同じ話をしても、面接官の受け取り方に差が出てしまうことがある。面接全体の流れが決まるポイントになるだけに、しっかり準備して臨もう(→Part6で詳述)。

Column
細井が見た！
面接の〝生〟現場

超大手企業でリストラされた人が下請けに応募。そのとき彼は……

ある転職セミナー終了後の話です。白髪がチラチラと見える一人の紳士（Aさん）が近付いてきて「私は偉そうに見えるでしょうか?」と聞いてきました。

確かにかっぷくがよく堂々としています。ただ物腰は柔らかく〝偉い〟というより〝立派〟な感じでした。聞けば超のつく大手企業の方で、リストラの対象になったことを機に、出身地にUターンしようとのこと。

そのときAさんが応募していた企業は、現在の勤務先と取引がありました。力関係でいえば現勤務先のほうが圧倒的に強い。そこで、Aさんは「相手に気を遣われないか心配」と気にしていたのです。

私は感じたとおり伝えました。「偉そうというよりとても紳士的な印象です。ただそれよりも**採用側は、あなたを〝使えない〟と思うかもしれませんよ**」と。

途端にAさんの眉間にシワができましたが、私はさらにこうアドバイスしました。「実務のことはあまり知らないだろう。下請けの仕事に耐えられるわけがない。そう思われる可能性が高いでしょう。**自分の人脈や知識を生かしたい、と乗り込んでも駄目です。実務が好き、現場が好き、という思いを伝えられるかどうか**ですよ」

するとAさんの表情がスーッと変わっていきます。「思い出しました。30代半ばから実務を離れ、管理的な仕事ばかりで物足りなさを感じていた自分に。会社が安定していたのでズルズルと過ごしていた自分に」

過去の栄光に執着し立ち止まっていた方が、未来に向けて動き出す。私はこの瞬間を味わうのが大好きです。

Part 3
必ず聞かれる質問と面接官のホンネ

不満だらけの転職理由をいってもいい？

面接官がどこを見ているか知りたい！

志望理由が浮かばないんですけど…

転職面接には〝必ず聞かれる〟質問がある

「想定問答」ではなく「転職ストーリー」を準備

「定番」はコレだ！

3章では、面接で避けては通れない質問への対策を解説します。**転職面接での質問はほぼ決まっています。**「これまでどんな仕事をしてきましたか？（①**キャリアチェック**）」「なぜ転職するのですか？（②**転職理由**）」「なぜ当社を志望したのですか？（③**志望理由**）」の3つが基本。

たいてい、これらに加え「あなたはどんな人ですか？（**自己PR**）」「これから何をしたいのですか？（**キャリアプラン**）」などがおり混ぜられ、最後に「何か質問はありますか？（④**応募者からの質問**）」となります。

「転職ストーリー」を準備

面接官は上記質問の回答から、1・2章で説明した〝接点〟を見ようとします。応募者はそれを意識したうえで、しっかりと準備しておく必要があります。

そこで大切なのは、36・60ページで触れた過去から未来を貫く**〝転職ストーリー〟を組み立てておく**こと。これさえあれば、どんな質問にも答えられます。

逆に、マニュアルなどを覚えて「こう聞かれたら、こう答えよう」と想定問答を作るのは危険。あらゆる質問を想定することなどできないからです。

これが転職面接で聞かれるコト！

■質問と転職ストーリーはリンクする

過去

前職に就いた理由
「以前(現在)のお仕事を選ばれた理由は何ですか？」

前職でやってきたこと
「前職(現職)でのキャリアを教えてください」

前職を辞めようと思ったきっかけ
「なぜ前職(現職)を辞めようと思ったのですか？」

転職を決意した理由
「なぜ転職したいのですか？」

志望する企業を選んだ理由
「当社を志望する理由を教えてください」

将来やりたいこと
「今後何をしたいですか？」

未来

① キャリアチェック

前職でやってきたことを中心に聞かれる。

＋

自己PR

キャリアチェックの延長で、前職での経験をもとに、どんなことが得意かを問われる。

② 転職理由

基本的には転職を決意した理由を聞かれる。ただしさかのぼって前職に就いた理由から聞かれることもあるので、一貫したストーリーを作っておくことが大切。

③ 志望理由

志望する企業を選んだ理由を中心に聞かれる。転職理由やキャリアプランと矛盾しないよう注意。

＋

キャリアプラン

志望理由の延長で、将来やりたいことなどを聞かれる。志望理由と一貫しているかもチェックされる。

④ 応募者からの質問

応募した企業に対する疑問点、確認したいことを聞かれる。転職ストーリーとは直接関係しない。

採用担当のホンネ

マニュアル本の丸暗記にはウンザリ

マニュアル本に載っている回答例を覚えてきて、それを思い出しながら話そうとする人がよくいます。しかし私たちには、そういう回答はどこかそらぞらしく、本心から答えているようには聞こえません。本来の自分を見せないようにも、壁を作っているようにも感じられるので、結果的に「コミュニケーションが取りにくいタイプ」ととらえてしまうこともあります。

キャリアチェック

「前職では何をされていましたか？」①

面接官が見ていること

「CAN」《何ができるか》をチェックしている！

"できるか""主体性があるか"が気になっている

"具体的に"聞きたがる

キャリアチェックとは、面接官が応募者にこれまでの仕事について質問し、確認していくことです。

面接官は、応募者のキャリアを聞くことで**「CAN」の接点、つまり募集している仕事を任せられる人かどうかを確認します。**

このとき面接官の口からよく出るのが「もう少し具体的に話してもらえますか」。応募者はこの問いかけに備え、これまでの仕事上でのエピソード（↓60ページ）をできるだけ細かく思い出し、わかりやすく語れるようにしておく必要があります。

経験を掘り下げて語る

面接官はキャリアを確認しながら**「主体的に働き、伸びてくれそうな人材か」もチェック**しています。企業が求めているのは、いちいち教えなくても自分で考え、成長してくれる人だからです。

では、どんな応募者に面接官は「伸びてくれそう」と感じるのでしょう。それはズバリ主体的に仕事に取り組んだエピソードを生々しく語れる人。会社のいいなりでただ働いていたのではなく、自分で考えて実践してきた人に対し「ウチでも同じように取り組み、成長してくれるだろう」と推測するのです。

面接官は「キャリアチェック」で何を見ている？

■「できるか」を見ている！

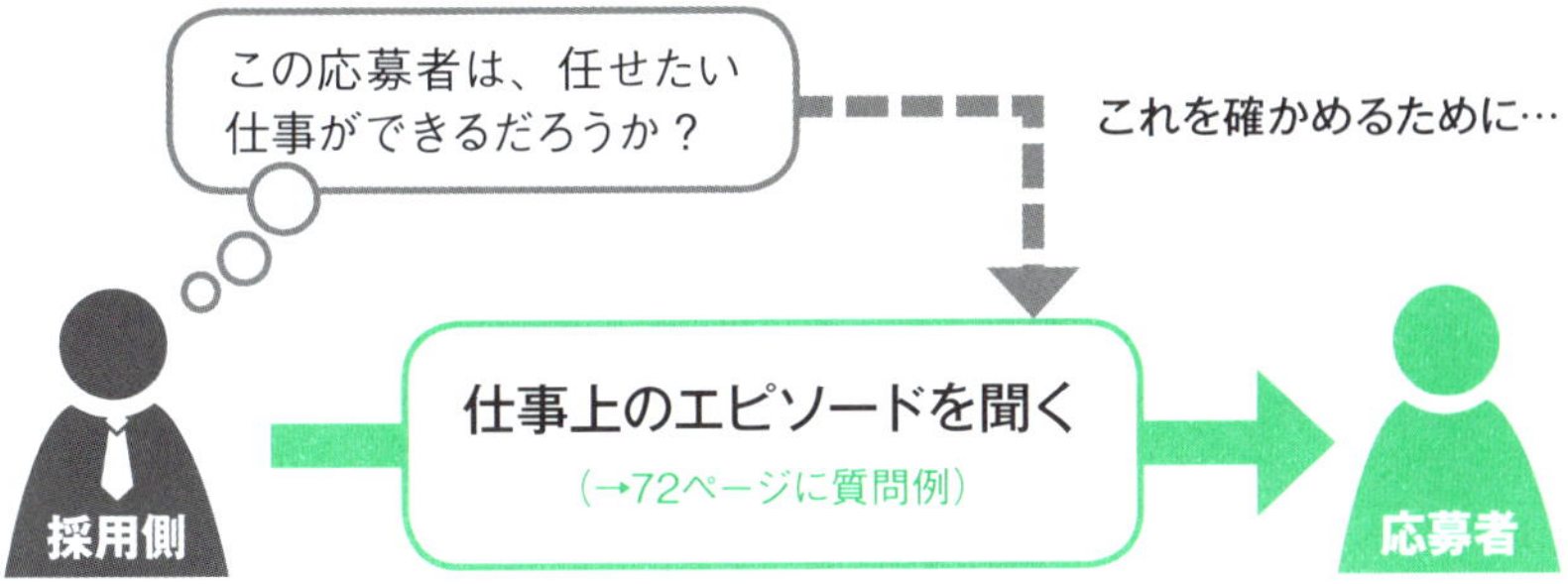
この応募者は、任せたい仕事ができるだろうか？
これを確かめるために…
仕事上のエピソードを聞く
（→72ページに質問例）
採用側
応募者

▶ 面接官は「具体的に」や「なぜ」などの言葉を使って、詳細なエピソードを引き出そうとする。そのワケは、あいまいな情報ではイメージしにくいから。また、本人しか語れないような生々しいエピソードを聞くことで、ウソをついていないか探っている。

■「主体性があるか」を見ている！

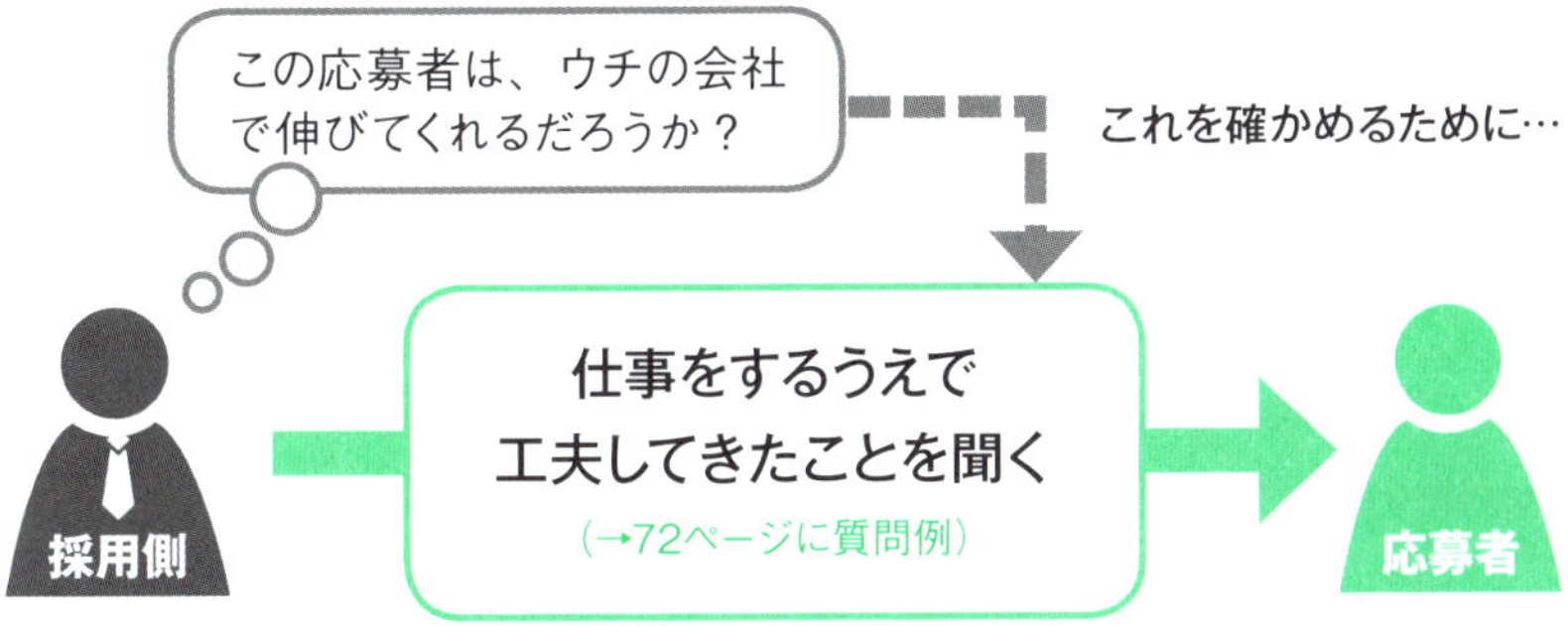
この応募者は、ウチの会社で伸びてくれるだろうか？
これを確かめるために…
仕事をするうえで
工夫してきたことを聞く
（→72ページに質問例）
採用側
応募者

▶ 上司からいわれるがままに業務をこなしてきた人に、面接官は今後の伸びしろを期待できない。極端な例でいうと「○○の業務を命じられており、そのとおり遂行していました」といった「やらされ感」のある表現はNG。

細井流！
チェックポイント

伸びしろの多い会社ほど主体性を求める

これから躍進していこうという発展途上の企業ほど、主体性があり、将来も進んで伸びてくれそうな人材を求める傾向があります。というのは、成長段階の企業では、社内の教育制度が整っていないケースも多く「いちいち教えている時間がない」というホンネがあるから。ベンチャー企業ほど積極性を求めがちです。

キャリアチェック

「前職では何をされていましたか？」②

〝どんな思い〟で〝どんな行動〟をしたか

応募者が伝えるべきこと

行動はエピソードで語る

伝えるべきは「思い」と「行動」

キャリアチェックのときに応募者が伝えるべきことは**「思い（心がけや目標、志）」と「行動（具体的なエピソード）」**です。〝どんな思い〟で〝どんな行動〟をしたかをセットで語ることで、〝主体的に仕事に取り組んできた自分〟を面接官にイメージさせられるのです。

「思い」と「行動」はどちらが欠けても駄目。志ばかり高くて行動がともなわなければ、机上の空論にすぎません。また、思いのない状態でただ働いていたとなると、そこに主体性が見えなくなってしまいます。

自分の経験を再確認する

「思い」を語るコツは、サービス業の方であれば「お客様の喜ぶ顔を見るために」など、自分が仕事をするうえで**よりどころとしてきたこと**を思い出すこと。

「行動」は、**具体的なエピソードを交え語ることが何よりも大切**です。まずは自分の仕事を5W1H（→54ページ）に分解し、自分の経験を語ってください。

また、応募先の企業が聞きたがりそうなエピソードを選ぶこともポイント。面接官に「そのエピソード、もう少し聞きたいな」と興味を持たせられたらしめたものです。

応募者は何をどう伝えるべきか

■「思い」と「行動」をワンセットで

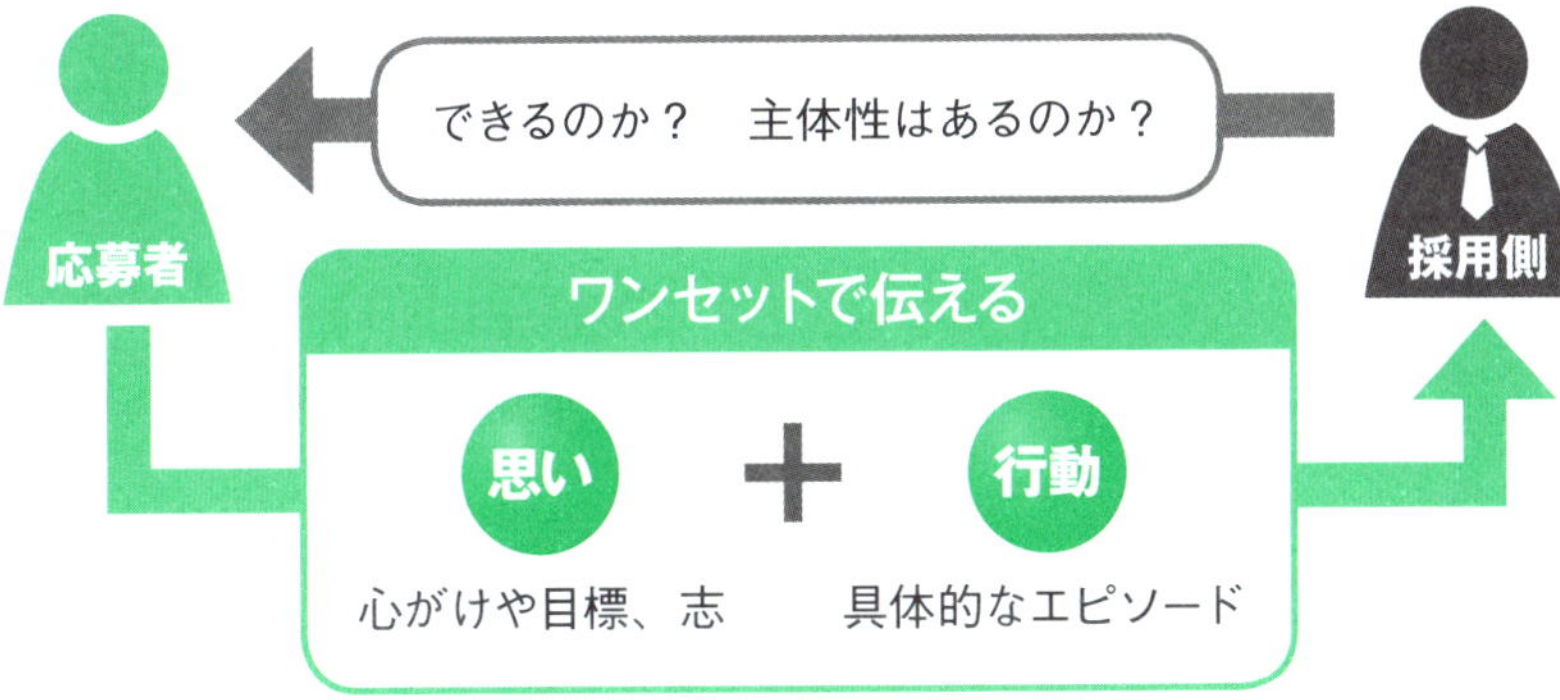

できるのか？　主体性はあるのか？
応募者
採用側
ワンセットで伝える
思い
行動
心がけや目標、志
具体的なエピソード

■どちらが欠けてもダメ

✕「思い」ばかりが先行

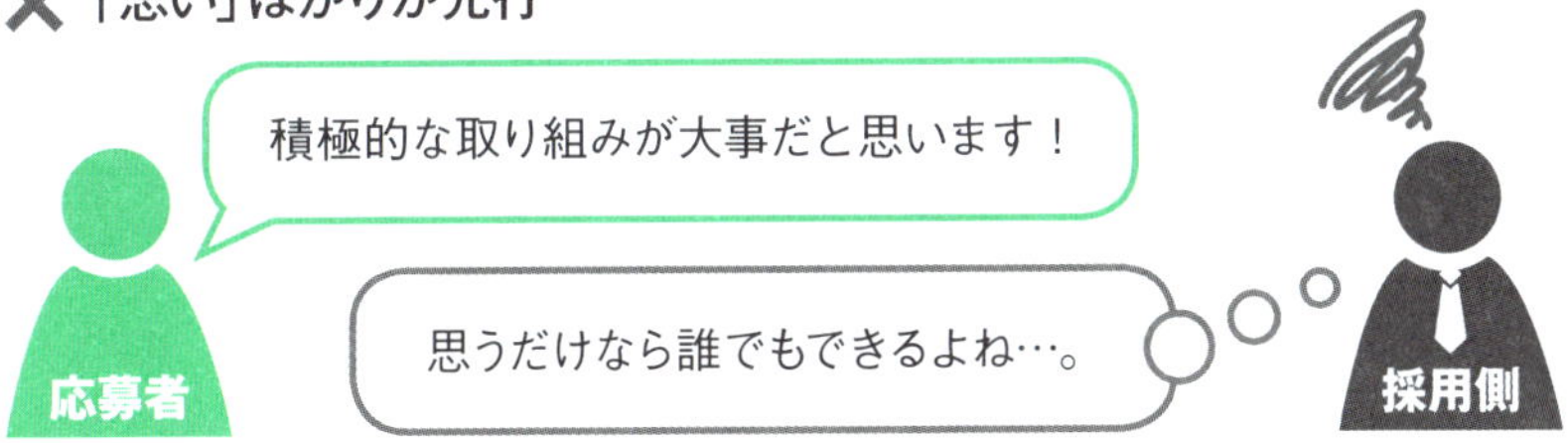

積極的な取り組みが大事だと思います！
思うだけなら誰でもできるよね…。
応募者
採用側

✕「行動」だけでアピール

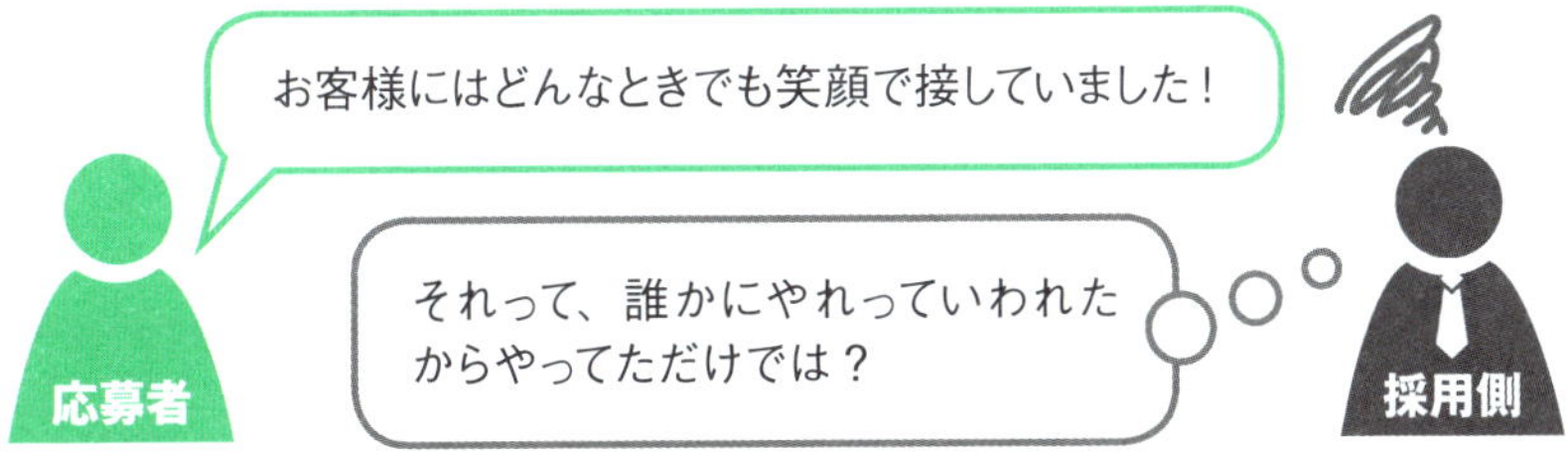

お客様にはどんなときでも笑顔で接していました！
それって、誰かにやれっていわれたからやってただけでは？
応募者
採用側

細井流！
チェックポイント

面接官をがっかりさせる話し方

面接官が「具体的に教えてください」と質問したとき、期待している回答は多くの場合、客観的な数字での情報です。「具体的に」と求められたにもかかわらず「たくさんのお客様に、おひとりずつじっくりと時間を費やしやりとげました」などと“頑張り”を伝えても、面接官は落胆するでしょう。売上や客数などはなるべく数値化して伝えてください。

キャリアチェック

「前職では何をされていましたか?」③ 質問例と回答例

実際には、こう聞かれる!

場面を特定して聞かれることも

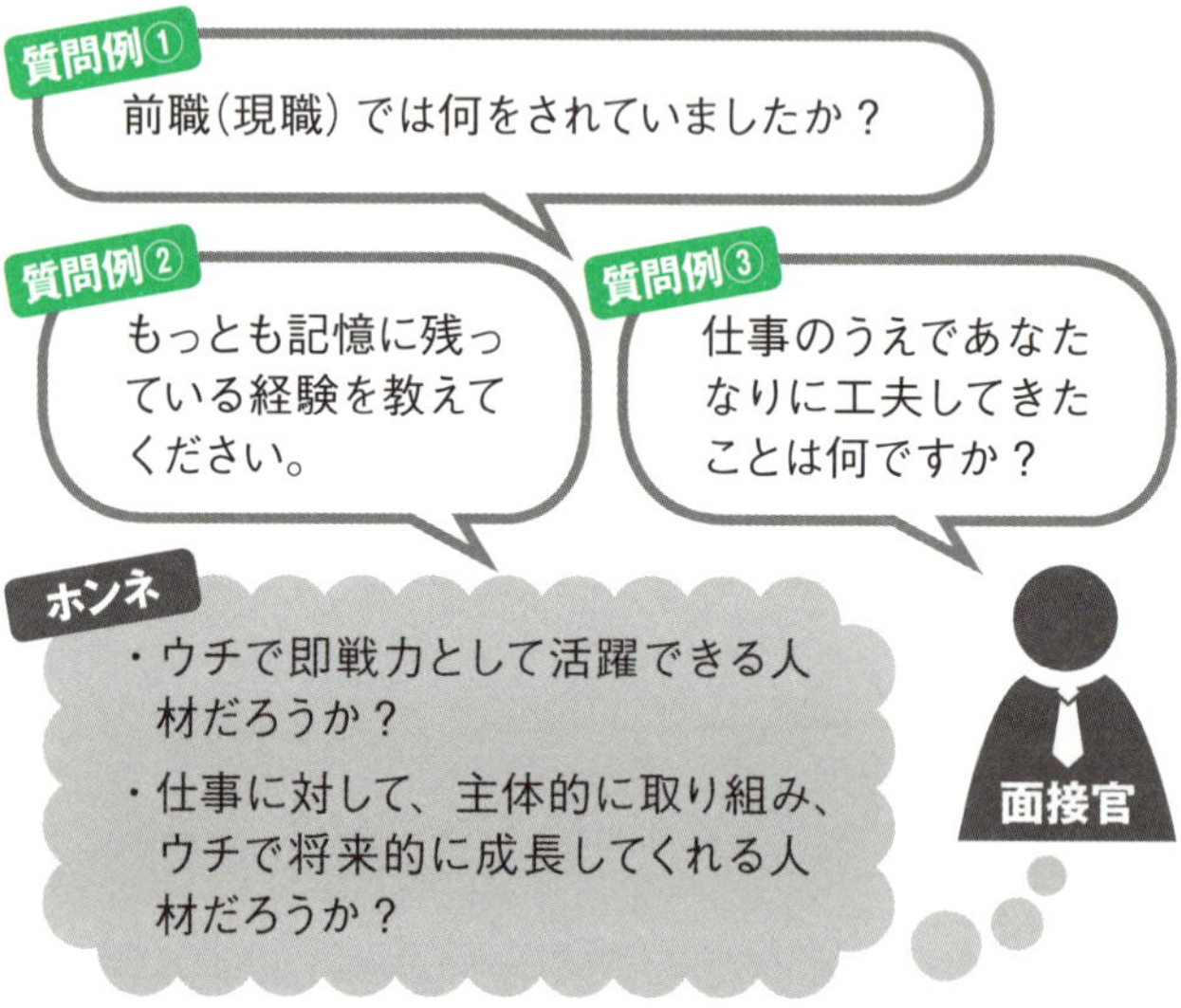
質問例①
前職(現職)では何をされていましたか?
質問例②
もっとも記憶に残っている経験を教えてください。
質問例③
仕事のうえであなたなりに工夫してきたことは何ですか?
ホンネ
・ウチで即戦力として活躍できる人材だろうか?
・仕事に対して、主体的に取り組み、ウチで将来的に成長してくれる人材だろうか?
面接官

経験と、仕事に取り組む姿勢をチェック

面接官は「仕事を任せられる人材か」を見極めるため、キャリアチェックの質問では「キャリアを教えてください」といった抽象的な質問や、「もっとも記憶に残っている経験は?」と場面を特定して語らせるような質問を応募者に投げかけます。「仕事のうえで工夫してきたことは?」のように、主体性をチェックするケースもあります。

これに対し応募者は**「思い」と「行動」を意識**して答えます(→70ページ)。**抽象的な言葉を省いて、面接官がイメージしやすい表現を心がけてください。**

質問①　前職では何をされていましたか？

■回答Before

○○社で婦人靴の販売をしておりました。お客様が何を求めているのかをつねに考え、多くの商品のなかからお客様に最適な商品をご案内することを心がけてまいりました。具体的には、❶**お客様のご要望をしっかりとつかむために**、❷**積極的にコミュニケーションを取りました**。その経験を通して、やはり会話をすることでコミュニケーションが図れ信頼関係が生まれることを学びました。

ココが ✕

①「要望」とひと口にいっても千差万別。具体的に伝えないと、面接官がイメージできない。

②①と同様、抽象的すぎて伝わらない。「コミュニケーション」を違う言葉にいいかえる努力を。

■回答After

○○社で4年間、婦人靴の販売の仕事をしておりました。若い方からお年寄りまで幅広い層のお客様それぞれに、複数のブランドの商品のなかからお似合いの品を選び、提案することが求められる職場です。❶**心がけていたことはお客様が思いもよらない品に出合っていただけるようなご提案をすることです。お客様のご要望のサイズの品を探す際に、自分のお薦めの品を加えてお出しするようにしてきました**。そうして、ご提案の品を気に入ってくださったお客様に再訪いただけたときはとてもやりがいを感じました。毎日ひとりでもリピーターを増やそうと頑張ったかいもあり、❷**4年間で100名近いリピーターのお客様ができました**。

ココが ○

①どんな「思い」でどんな「行動」を取ってきたかがわかるので、面接官はイメージしやすい。

②行動の「結果」と「学び」を数字で端的に語れており、伝わりやすい。

質問② もっとも記憶に残っている経験は？

■After

面接官：これまでの仕事で、もっとも記憶に残っている経験を教えてください。

応募者：2年前、お得意様に納品した部品が仕様と異なり作り直すことになったのですが、当社の製造機器が故障し納期に間に合わなくなったことです。事情を説明したところ、お客様から「あなたの会社の商品でないと困る。なんとかできないか。こちらも計画を見直せるか検討してみる」といっていただきました。

面接官：それでどうしたのですか？

応募者：納期までに必要な最低個数を再度出していただき、仕様に合う部品を社内でかき集めてなんとかその数だけは間に合わせました。幸い製造ラインも3日で復旧でき、仕様どおりのものを全数ご提供できました。

面接官：なぜその経験が記憶に残っているんですか？

応募者：自分を変えるきっかけになったからです。

とくに❶**仕様について事前のすり合わせが不十分で、本気でお客様と向き合っていなかったことに気付かされました**。これを機に❷**ほかのお客様にも一歩踏み込んで、仕様設計の早期段階から参加させていただけるよう働きかけるようになりました**。

ココが○ 「学び」「気付き」で生じた「行動」の変化を示す

記憶に残るエピソードは、自分を成長させてくれた「気付き」や「学び」を取り上げる(①)。そして「気付き」や「学び」によって生じた、その後の「行動」の変化(②)と、②によって得られた「成果」を話せるように準備しておこう。

質問③　あなたなりに工夫してきたことは？

■ After

面接官：これまで仕事をするうえで、あなたなりに工夫してきたことは何ですか？

応募者：今取り組んでいることは、毎朝、目標を決めて仕事に取りかかることです。また今の職場は、日常のルーティンワークの合間に、急ぎの依頼事項がかなり飛び込んでくるので、効率よく業務を進めるため、優先順位を臨機応変に変えながら仕事をするよう工夫してきました。

面接官：毎朝どんな目標を立てているのですか？

応募者：多くが仕事に直結しないのですが、たとえば❶**「今日は同じグループの人全員に声をかけてみよう」とか「返事をするときにしっかりと顔を見よう」といったこと**です。

面接官：では、臨機応変に優先順位をつけるためにはどんなことをしているのですか？

応募者：まず頼んでくる人に直接、どのくらい緊急で重要なのかを確認します。ほかの仕事をずらせない場合は、❷**仕事の内容を聞いて時間内にどのくらいできそうかイメージし、途中まででもよいか、納期を延ばせないか、今取りかかっているほかの仕事を延ばす交渉をしてもらえるか、などすり合わせをしています**。

ココが〇　行動を「見える化」する

「工夫してきたこと」を聞かれた場合、その工夫を具体的にどんな行動に反映させているかを話すのがポイント。具体例（①）や具体的な行動（②）を説明できれば、面接官が応募者の行動をイメージしやすくなる。

キャリアチェック+α

自己PR「どんなことで貢献できますか?」

キャリアに関連するPRを

〝抽象語〟は極力使わない

「転職の自己PR」はキャリアに付随

新卒の面接では「まず自己PRしてください」といわれます。一方、転職ではそういわれることはまれで、キャリアチェックのあとに「ではその経験のなかで、当社で生かせるものは何ですか?」と求めることがほとんどです。転職での自己PRは**キャリアチェックの一つで、CANの接点をより意識した質問**と考えてください。

なお、転職面接で単に「自己PRしてください」と求められた場合は、これまでのキャリアで培った能力を中心に1〜2分程度で簡潔に語りましょう。

「何ごとも」「日ごろから」では伝わらない

「いいことはいっているんだけど、なんとなくよくわからない」

面接官は応募者の自己PRに対し、よくこんな不満を漏らします。この原因は、応募者が語る自己PRに具体性がないから。「コミュニケーション能力」とか「主体性」「積極的」などの**抽象的な言葉に終始してしまうと、面接官には伝わりません。**具体的なエピソードで裏付けすることを忘れないでください。

また、性格や特徴を聞かれた場合は、社風や顧客に合うかどうかもチェックされていると思ってよいでしょう。

Before例と質問例

■抽象語の多用はNG

私は幼少のころから、何ごとも物ごとには積極的に、ということをモットーにしてきました。常日頃から物ごとに対しては、前向きに取り組む、ということが習慣になっています。

いってることはいいんだけど…。いまいち説得力がないなあ。

よくあるNGワード

- ☑ 何ごとも
- ☑ 積極的に
- ☑ 物ごとに
- ☑ 常日頃から

自己PR 質問例

「CAN《何ができるか》」を具体的に問われる

(→78〜79ページに回答例)

質問例① あなたはどんなことで当社に貢献できますか？

質問例② あなたはどんな性格ですか？

質問例③ あなたの周りの人はあなたをどんな人だといいますか？

ホンネ

- ・ウチの会社のどの業務分野で活躍できる人材だろうか？
- ・ウチの社風に合うだろうか？
- ・ウチの顧客に会わせられるだろうか？

質問①　どんなことで当社に貢献できますか？

■ After

面接官：あなたはどんなことで当社に貢献できるとお考えですか？

応募者：①**パソコンスキルと仕事の進め方の両方で貢献できる**と思っております。現職ではWord、Excel、PowerPoint、Accessを使いこなすことが求められました。その経験は、ご要望に応じた帳票作成に役立てられると考えています。仕事の進め方の面では、②**あいまいな状態の依頼から成果物を作り上げることが得意**なので、この点も今回のお仕事では生かせると考えています。

面接官：あいまいな状態の依頼から成果物を作るというのはどういうことですか？

応募者：帳票や資料作成を依頼されるとき③**「こんなことがわかる資料がほしい」とイメージを伝えられるだけの場合が多いのです。データベースから情報を選び加工して、作成するのが日常業務になっています。**

面接官：では、どんな資料を出してきたのですか？

応募者：一番多かったのは、課のメンバー別の予算達成見込み日報データです。目標の達成状況をExcelで日々管理し、不足分をリカバーするために役立てておりました。

ココが〇　仕事に直結するアピールを冒頭に語る

「どんなことで貢献できるか」を聞かれたら、応募先で生かせる自分のアピールポイントを語ること。結論を冒頭に話す（①）と、面接官は理解しやすくなる。また、抽象的でイメージしにくいアピールポイント（②）を語る場合、具体例でしっかり説明（③）できるよう準備しておこう。

質問②　あなたはどんな性格ですか？

■After

面接官：ご自分のことをどんな性格だと思いますか？

応募者：集中力があり、負けん気が強いと思っています。小さいころから周りにいわれてきたことですが、自覚もしています。

面接官：それは長所ですね。短所はどういうところだと思いますか？

応募者：一つの目標や目的にこだわると周りが見えなくなりがちなところです。あと「あの人と比べると、自分の能力はどうなんだろうか」とやみくもに比較しようとしてしまうところはよくないと思っております。

面接官：なるほど。では、仕事をするうえで自分の性格はどう感じていますか？

応募者：はい。「負けん気の強さ」は現在の仕事でとても生かせていると思っています。困難にぶちあたったときにしぶとく食い下がっていけるのは、この性格のおかげです。

一方で❶**「周囲が見えにくくなる」という点については、意識的に変えていこうと自分でも気にしているところです。周囲の状況に対して、臨機応変に目標を変えることを頭に置くようにしています。**

ココが○　短所は、克服しようとしている姿勢を示そう

性格に関する質問は「仕事に生かせること（長所）」と「意識しなければならないこと（短所）」の理解度が問われるので、長所と短所を矛盾なく答えられるよう準備する。長所と短所は表裏の関係。短所を放置せずに改善しようとしている（①）と伝えられるようにしておこう。

転職理由

「なぜ転職したいのですか？」① 面接官が見ていること

また辞めないかをチェックしている！

「志望理由」との一貫性がキモ

入社後のリスクを懸念

転職面接では「転職する理由」を必ず聞かれます。理由は「すぐまた辞めてしまう人じゃないか？」「問題を起こす人じゃないか？」と**リスクチェックをする**ためです。

面接官は応募者の回答から「この人が入社したらどう働いてくれそうか」を推察します。短期間で転職を繰り返している人には「ウチの会社もすぐ辞めてしまうのでは？」、前職に不満を抱いている人には「同じ不満を当社にも感じるのでは？」と懸念するのです。これが半ば常識のように「転職面接で前職への不満を漏らすのはタブー」とされるゆえんです。

説得力ある回答を求める

面接官は、「応募者には前職に少なからず不満があるもの」と理解はしていますが、不満だけで退職した人を敬遠します。このため、疑いの目で質問する面接官も多いので、転職理由についてはいっそう説得力のある回答を求めるのです。

とくに気にするのは、**退職理由と志望理由の一貫性**です。たとえば「企画の仕事をしたくて転職を考えた」と語った人が、企画職以外の求人に応募していれば、当然ながら「ウソをついている？」と思われ、採用は遠ざかります。

面接官は「転職理由」で何を見ている？

■なぜ聞かれるのか

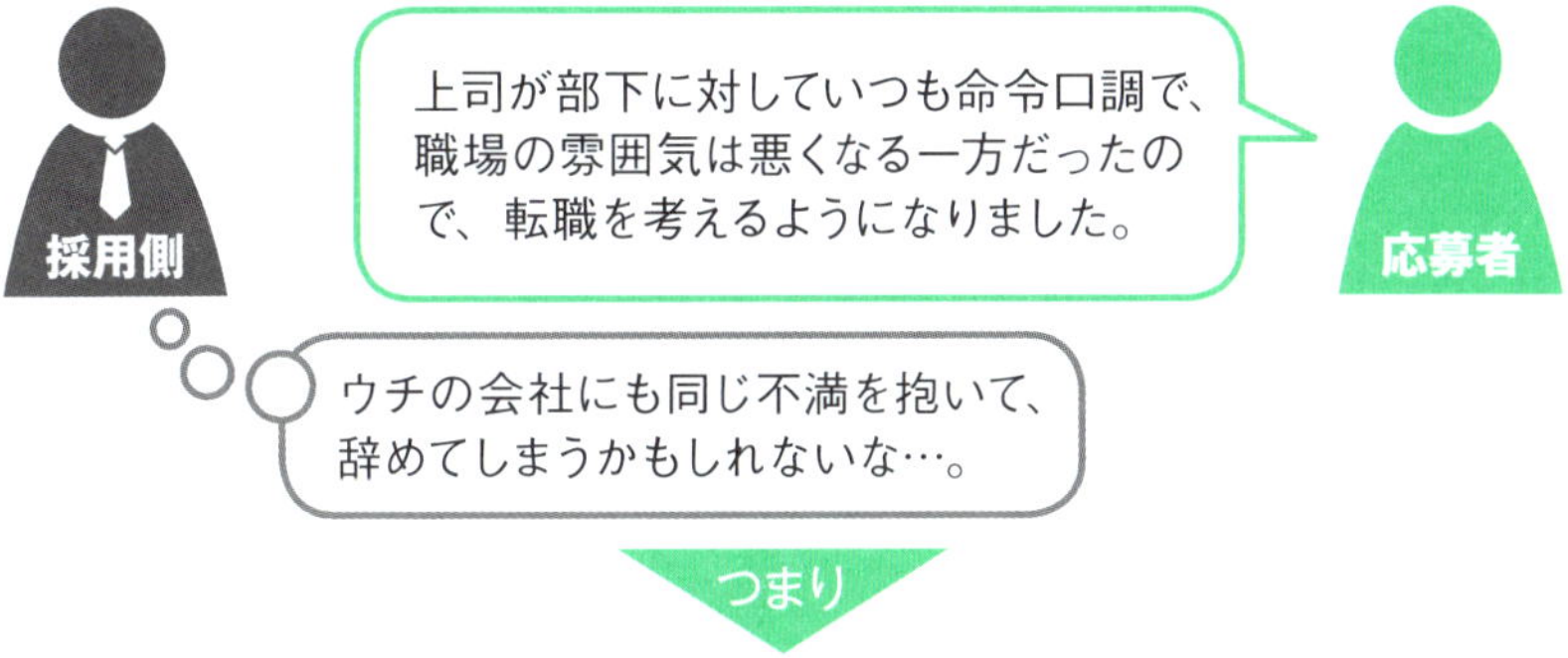

採用側
上司が部下に対していつも命令口調で、職場の雰囲気は悪くなる一方だったので、転職を考えるようになりました。
応募者
ウチの会社にも同じ不満を抱いて、辞めてしまうかもしれないな…。
つまり

リスクチェックするために聞いている

■面接官の胸の内

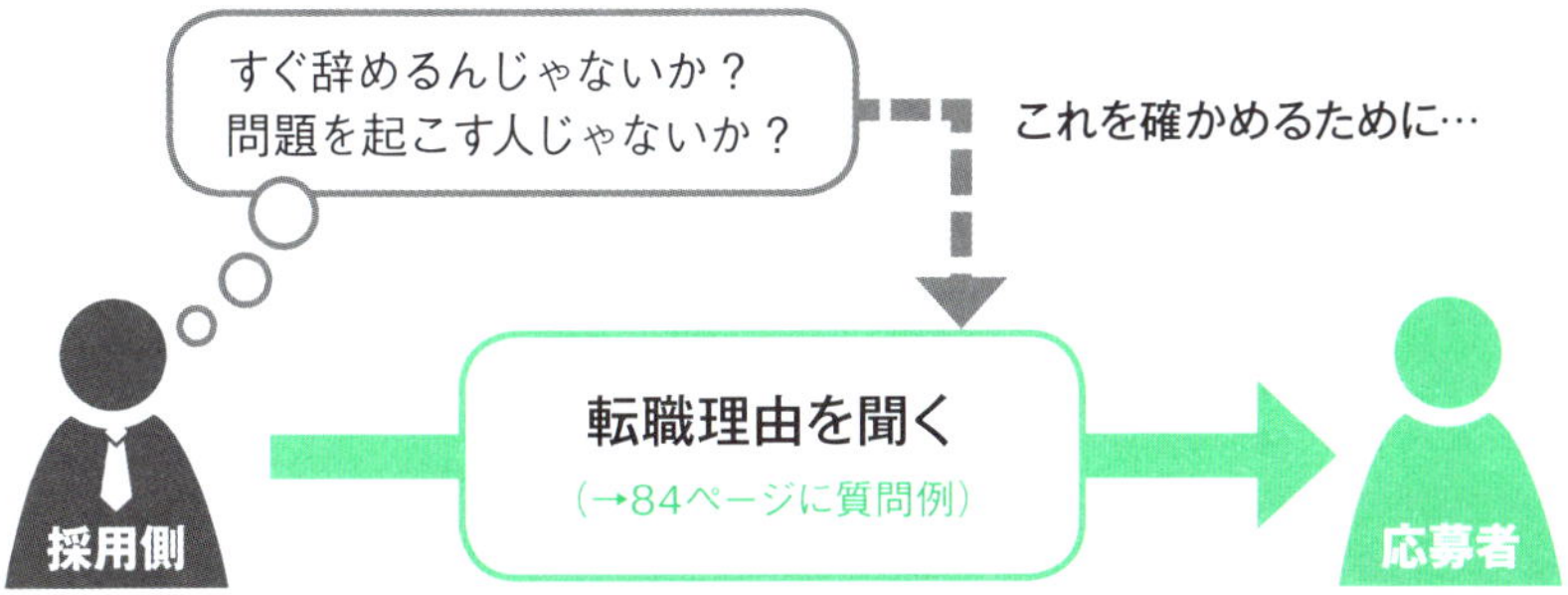

すぐ辞めるんじゃないか？
問題を起こす人じゃないか？
これを確かめるために…
採用側
転職理由を聞く
（→84ページに質問例）
応募者

▶転職理由と志望理由が一貫していないなどで、面接官になんらかの疑問がわくと「そもそもなんで今の会社に入社したの？」などと経験をさかのぼって聞かれることも。前職の入社理由から一貫した転職ストーリーは必ず組み立てておこう。

細井流！
チェックポイント

夢を語る転職理由は敬遠される？

とくに若い応募者は「いつかは起業したいから、新規事業を任せてもらえる会社に転職したいと思いました」などと、野望のような転職理由を語ることがあります。夢を語ることでやる気や主体性を見せようとしているのかもしれません。しかし「じゃあ、今起業すれば？」と思う面接官は少なからずいます。本当にそう思っているならば別ですが「こう語ったほうがいいのでは」という意図での絵空事を語るのはやめましょう。

転職理由

「なぜ転職したいのですか？」② ポジティブな転職理由を語る！

応募者が伝えるべきこと

転職動機と転職理由は違う

不満は否定しない

面接官は文句だらけのネガティブな転職理由を嫌います。そのため、面接の場で**不満だらけの転職理由を語ることは避けたほうがよい**でしょう。

しかし不満があること自体を否定し、ウソの前向きな言葉で転職理由を覆い隠すのはやめてください。どこかで必ずボロが出ます。

そうはいっても「転職理由は不満でしかない」と考える人は多いでしょう。ただ、その**大半の人は「転職動機（転職しようと思ったきっかけ）」と「転職理由」を混同している可能性が高い**のです。

整理して考えを深める

たとえば「残業が多いのが嫌」で転職を考えている場合、それは転職を決意したきっかけ、つまり「転職動機」にすぎません。

転職理由の見つけ方は、まず**「～が嫌だ」という不満を反転させ、未来志向の「～をしたい」という言葉に変えること**（→38ページ）。**そしてその未来志向の言葉に優先順位をつける**こと（→52ページ）です。考えを整理していくことで、じつは「残業が嫌」の不満は単なる転職動機で、「残業も苦にならないやりがいのある仕事をしたい」という転職理由が見つかるかもしれません。

ポジティブな転職理由の見つけ方

■「不満」がスタートでもいい

応募者

・残業の多いのが嫌だ
・上司のいうことがコロコロ変わってむかつく
・雑用ばかり押し付けられる

転職動機

転職を考えるきっかけとなった出来事。
（≠ 転職理由）

↓ 反転させる
（「転職したらこうしたい」という表現に変える）

応募者

・週3日は定時で帰りたい
・指示が変わらない上司のもとで働きたい
・もっとやりがいのある仕事を任されたい

不満を解消した状態

転職したら実現したい理想的な自分の姿。転職先を選ぶ際の希望条件でもある。

↓ 優先順位をつける

応募者

①**もっとやりがいのある仕事を任されたい**
②指示が変わらない上司のもとで働きたい
③週3日は定時で帰りたい

転職理由

本当は残業や上司自体が嫌なのではなく、やりがいのない仕事を変えたかった、という発見がある。

残業時間のとらえ方は人それぞれ

よく「残業が多すぎる」を転職理由にする応募者がいます。しかし掘り下げて聞いてみると、1日1時間程度の残業でそう感じている人もいます。とらえ方は人それぞれで当然よいのですが、面接官によっては「その程度で音を上げるのか」と思うかもしれません。自分の労働条件がどの程度なのか、同業だけでなく異業種・異業界の人とも比べてみることをお勧めします。

転職理由

「なぜ転職したいのですか？」③ 質問例と回答例

実際には、こう聞かれる！

「こうなりたいから転職する」が理想的

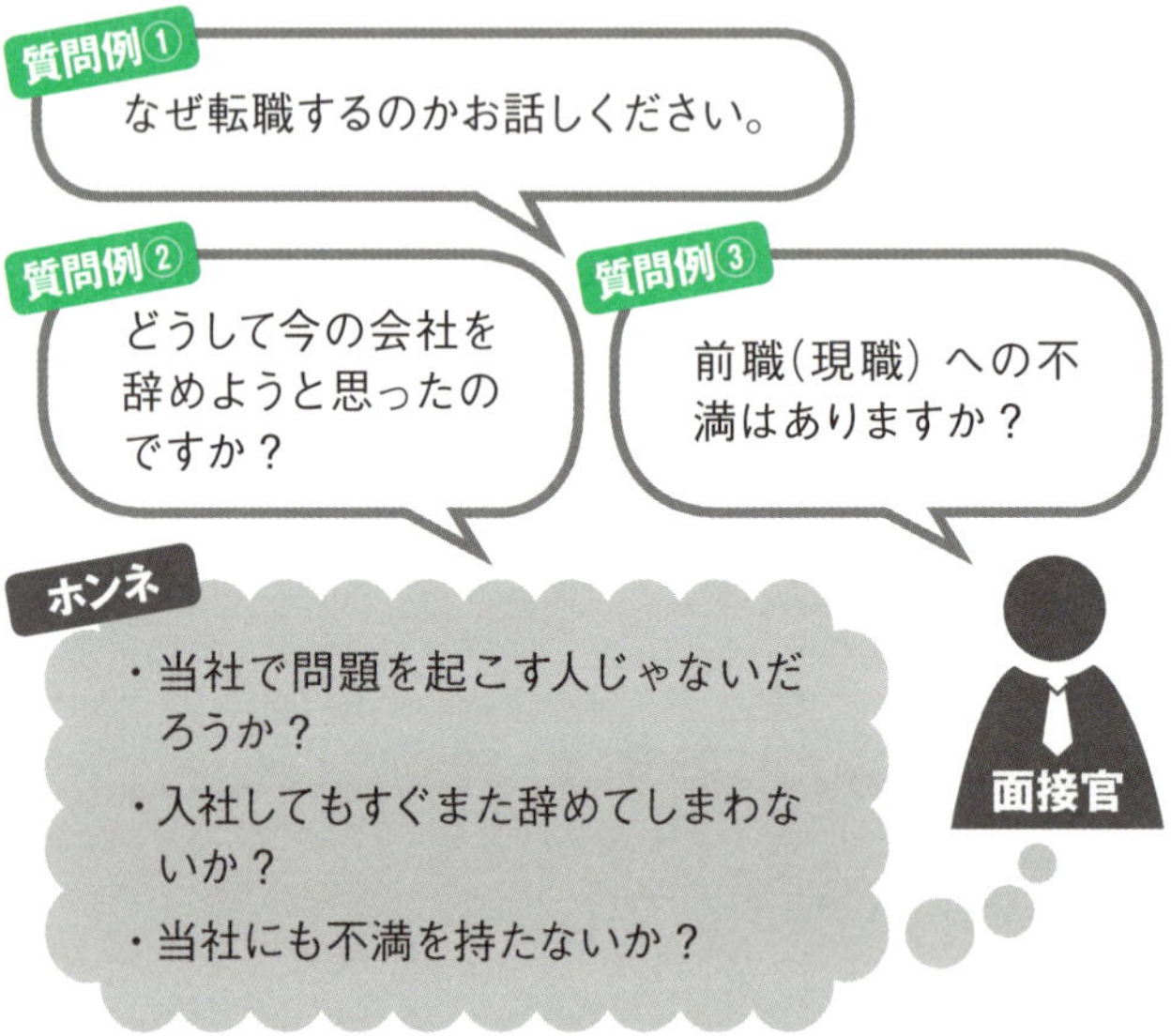
質問例①
なぜ転職するのかお話しください。
質問例②
どうして今の会社を辞めようと思ったのですか？
質問例③
前職（現職）への不満はありますか？
ホンネ
・当社で問題を起こす人じゃないだろうか？
・入社してもすぐまた辞めてしまわないか？
・当社にも不満を持たないか？
面接官

「逃げ」に見えないよう注意

面接官は、上のような質問をすることで、応募者が入社後に問題を起こさないかというリスクチェックをします。

これに対し応募者は、82ページで解説したように不満になりがちな「転職動機」ではなく、不満を解消した「転職理由」を語りましょう。若い人はとくに「上司が悪かった」「環境がよくなかった」などと「人のせい」にしがちですが、そこから脱却して**「こうなりたいから転職する」という前向きな姿勢が大切**です。「嫌だから転職する」というような「逃げ」に聞こえないよう留意してください。

質問① なぜ転職するのかお話しください

■回答Before

今働いている①**会社の社長の考えと、今後の経営方針が私のやりたいことと合いません。**このままここにいても先はないと思い、転職しようと考えました。

ココが ×

①考え方の違いや人間関係のもつれは、応募者自身にも問題があるのでは、と疑われるおそれも。

■回答After

①**○○という商品をメインで製造する企業で、社長やほかの社員と同じ目標を持って、仕事をしていきたい**と考え、転職を決意しました。今働いている会社でも、○○の製造担当なので満足はしています。ただ現職場は○○の製造がメインではなく、社長の話ではいずれ部門自体を縮小する計画もあるとのことでした。この話を聞いたことをきっかけに自分の将来を不安に感じるようになり、○○製造を本業でやられている企業の求人を探すようになりました。

ココが ○

①不満を反転させた結果、「社長と方針が合わない」ではなく、「やりたいことを続けたい」という転職理由に気付いた理想的ないい方。

表現と見方で印象は変えられる！

「会社の経営が悪くなって転職せざるをえなくなった」。そう聞くと、面接官は「この人はいやいや転職活動をしている？」とネガティブな印象を抱きます。一方「会社の経営が悪くなっているので、それをきっかけに自分の将来を考えた」と変えれば、未来志向の前向きな表現に受け取れます。表現や見方を変えるだけで、面接官に与える印象も変えられるのです。

質問② なぜ辞めようと思った？

■After

面接官：なぜ今の会社を辞めようと思ったのですか？

応募者：❶**自分の将来を考える機会**がありまして、これから先をじっくり考えた結果、転職を決意しました。転職先が決まる前に前職を辞めたのは、仕事の節目だったことが一番の理由です。在職中に転職活動をすることに抵抗もありました。あとは正直申し上げて、しばらくリフレッシュしたかったという理由もあります。

面接官：将来を考える機会ということですが、それはどんなことだったのですか？

応募者：はい。❶**会社の経営方針が大きく変わり、私が所属していた個人向け営業を廃止し、法人向けの営業を強化していくという方針に決まったこと**です。私自身、個人のお客様と密にかかわる仕事のおもしろみを実感してきたところでしたが、法人向け営業部署へ移るか、徐々に縮小していく個人向け営業の部門に残るかを選択する必要が生まれました。このとき、❷**これからも会社全体で個人向け営業に力を入れていく会社に転職し、仕事をしていく**という将来像も一つの選択肢として考えるようになりました。

ココが○　嫌になったから辞めたのではないと気付こう

退職理由は「転職を考えたきっかけ（動機）」（①）と「退職後に目指していること（転職で実現したいこと）」（②）を合わせて話せるようにする。「会社の方針が変わって嫌になり辞めた」のではなく、「将来を見据えた判断」と気付くことがポイント。

質問③　前職への不満はある？

■ After

面接官：今の会社に何か不満はありますか？

応募者：正社員の方とほぼ同じ仕事まで任せてもらえるようになったのですが、私が派遣社員であることが理由で、❶**ミーティングやイベントに参加させていただけない点で物足りなさを感じていました**。また待遇面での不満もありました。

面接官：その不満の解消のためにあなたは何か働きかけをしましたか？

応募者：ミーティングなどへの参加について、派遣元のコーディネーターの方に相談しました。

面接官：それでどうなりました？

応募者：コーディネーターの方には理解を示していただけました。ただ「派遣の立場では、そこまで踏み込むことは会社に期待されていない」といわれ、状況は変わりませんでした。

面接官：あなたはその結果をどう思いましたか？

応募者：正直申し上げまして、がっかりしてしまいました。このことがきっかけで、❷**正社員として精一杯働ける職場に転職**しようと真剣に考えるようになりました。

ココが〇　転職して、不満を解消できることも伝える

不満を語らなければならない場合は「もっと仕事をしたいのにできない」(①)のように前向きに語りたい。待遇面の不満はつけ足し程度に。さらに「不満を解消し、こうなりたい。だから転職する」といったポジティブなストーリー(②) を語れるよう整理しておこう。

志望理由

「当社を志望する理由は？」① 面接官が見ていること

「ＷＩＬＬ《何をしたいのか》」の接点を見極めている！

2パターンの面接がある

本気度を確かめる

志望理由で応募者が語るべきことは「なぜその会社の、その仕事に応募したのか」です。面接官はこの質問で**ＷＩＬＬの接点、つまり「これから何がしたいのか」を探ろうとします。**

志望理由の聞き方には2パターンあります。一つ目は、〝道場主《ぬし》型面接〟。これは、従来型の日本企業に多く「ウチの会社はしんどいよ」などとキツいことをイメージさせ、「それでもついてくるか？」を試します。面接官の意図は、ＷＩＬＬを確認し**本気度をチェックしようとしているのです。**

成長度を見極める

もう一つは〝同志発見型面接〟。これはベンチャー系企業に多く「社員一丸となって同じ方向を目指してほしい」という思いがあるのです。面接官は、**「応募者のやりたいことが本当にウチの会社で叶えられるのか」を探ろうとします。**

この2パターンは、一つの会社の面接で混在していることもよくあります。いずれにせよ、根底には「御社で働きたい」「やりたいことを実現したい」というＷＩＬＬの接点を調べ、**辛いことにも耐えて成長できる人材かを確かめる目的**があります。

図解 面接官は「志望理由」で何を見ている？

■ 2パターンの面接とその真意

道場主型面接

ウチの会社はしんどいよ。ホントに大丈夫？

面接官の心理

「本気で働きたい」と思っていれば、辛い仕事にも耐えてくれるのでは？

同志発見型面接

君のやりたいことは、本当にウチの会社でできるかな？

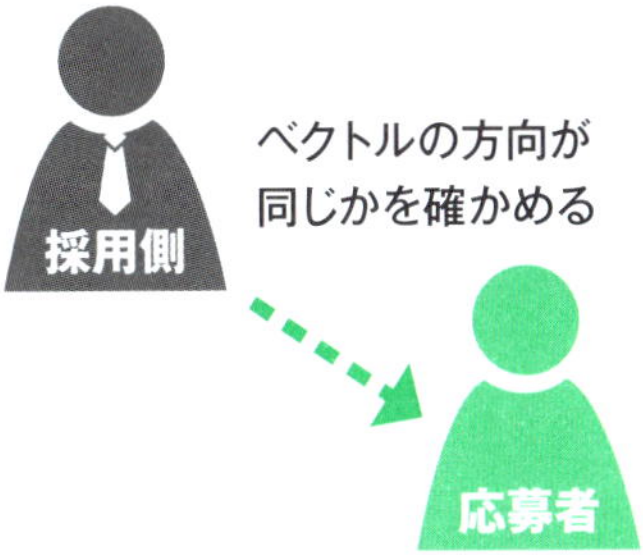

面接官の心理

「やりたいこと」が実現できるのであれば、辛い仕事にも耐えてくれるのでは？

つまり両パターンとも

辛いことにも耐え抜き、成長してくれる人材かを見極めようとしている

採用担当のホンネ

企業へのヨイショは考えもの

「御社の、人を大切にする企業風土がすばらしいと思いました」。一見聞こえのいい志望理由ですが、これを素直に受け止める面接官は多くありません。正直いって我々企業には、少なからず負い目のようなものがあります。あまりにも会社のことをほめられると「そんなに期待して入社されたら、不満を持つかもしれない」と逆に不安になってしまうかも…。

志望理由

「当社を志望する理由は？」②

応募者が伝えるべきこと

希望条件と合う接点を語る！

「御社である理由」を伝えるには

わがまま条件を書き出す

88ページで解説したとおり、面接官は「本気で働きたいと思っているか」「やりたいことがウチの会社で叶えられるか」の2面からWILLの接点を見いだそうとします。

応募者はその接点を意識し「**自分にとってこの会社が必要だ**」「**自分のやりたいことが実現できそうだ**（自分のニーズが満たされる）」という意思を伝えるのがコツです。

考えるときは、**自分の希望条件と求人の条件を照合**すると効率的。まずは「やりたい仕事」から「働きたい環境」まで、思いつくまま書き出してください。

条件は絞り込まない

書き出した条件と求人の照合は、左ページのような表にするとわかりやすくなります。縦軸と横軸の交わった点が「接点」で、これが語るべき志望理由です。

なお、**志望理由をいう際は、ヘタに絞り込まないほうが得策。**競合の多い業界の企業ではとくに、「ほかの会社ではなく〝当社〟を選んだ理由」を聞かれることもあります。このとき「やりたい仕事ができて、社員食堂が充実しているのは御社しかありません」などと語れ、ミーハーな希望条件が〝色づけ〟として生きてくることがあります。

希望を書き出し、志望理由を見つける

■条件は矛盾していてもいい

（○＝接点あり、×＝接点なし、？＝不明）

希望条件＼面接予定の企業	A社	B社	C社
大手企業で働きたい	○	○	×
福利厚生は充実していたほうがいい	○	○	×
土日は必ず休みたい	○	?	?
給料をアップさせたい	×	○	○
勢いのあるベンチャー企業に入りたい	×	×	○
仕事のメンバーが楽しそうなほうがいい	○	?	○
職場がおしゃれなほうがいい	×	○	○
将来は企画の仕事がしたい	×	○	○
今すぐキャリアチェンジしたい	×	×	○
社内の食堂が充実していてほしい	○	×	×

▶縦軸に自分の希望条件、横軸に面接予定の企業を書き出し、叶う条件にのみ○をつけていくと、語るべき志望理由が一目瞭然に。書き出す条件は「大手がいい」「でもベンチャーもいい」のように、一見矛盾していてもかまわない。C社の面接でだけ「成長性の高い企業で働きたい」という志望理由をいえばOK。A社とB社のように条件が似通っている場合でも、B社には「将来は企画にもチャレンジしたい」といえば、他社に使いまわせないB社のためだけの志望理由になる。

やりたいことに「期限」は不要？

「３年後にはこうなっていたいので…」と志望理由を語ろうとする人がいますが、転職面接では期限を厳密に定める必要はありません。企業は世の中の流れによってコロコロ変わるもの。将来像はあったほうがよいのですが、２〜３年後の姿を具体的に描き、それを語りすぎると、面接官は「ウチでは無理かも…」と不安を感じ、逆に採用のチャンスを狭めかねません。

志望理由

「当社を志望する理由は？」③

質問例と回答例

実際には、こう聞かれる！

志望理由は一つじゃなくていい

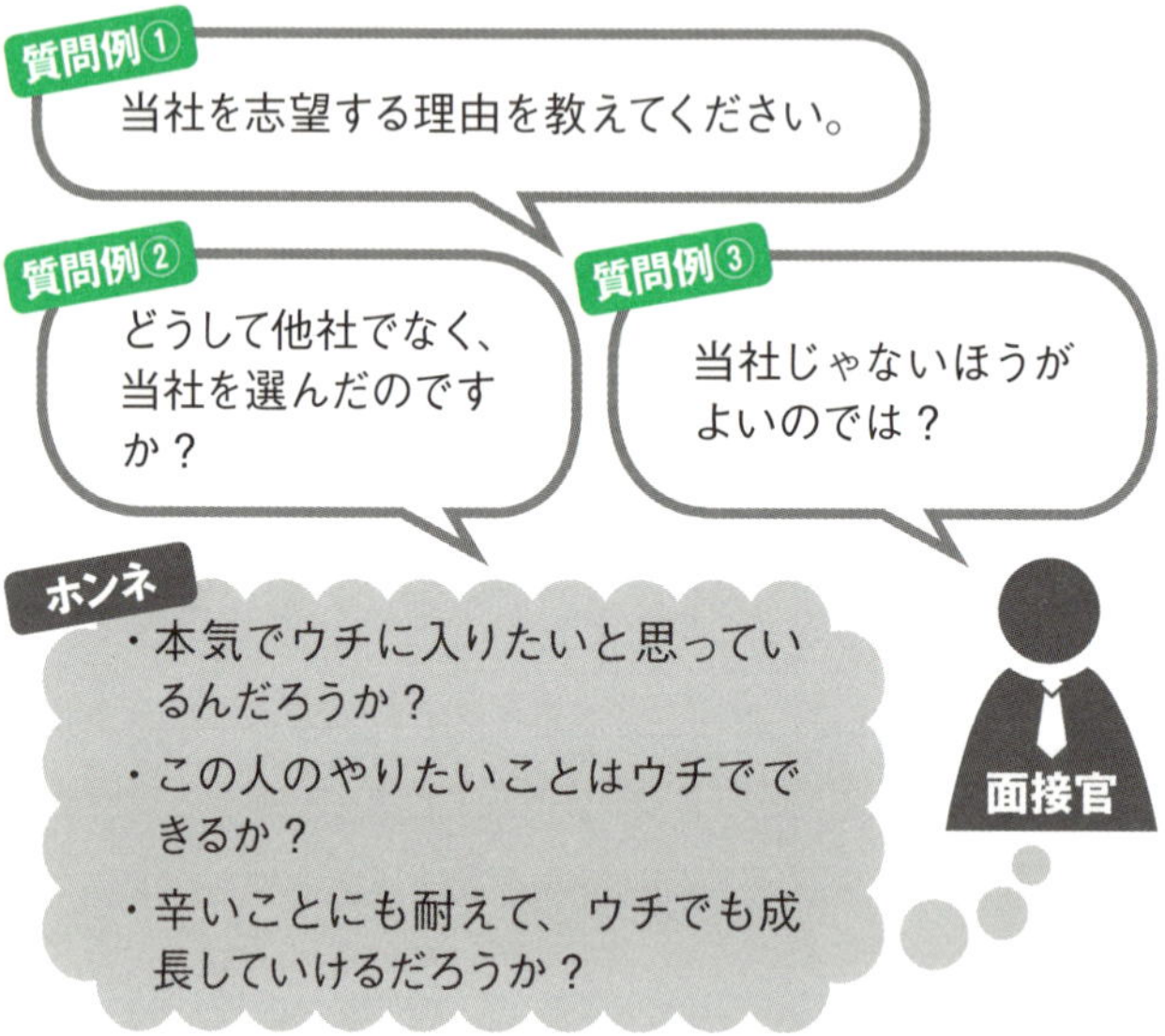

質問例①
当社を志望する理由を教えてください。
質問例②
どうして他社でなく、当社を選んだのですか？
質問例③
当社じゃないほうがよいのでは？
ホンネ
・本気でウチに入りたいと思っているんだろうか？
・この人のやりたいことはウチでできるか？
・辛いことにも耐えて、ウチでも成長していけるだろうか？
面接官

他社との違いを明確に

面接官は、上のような質問をして応募者の**本気度や目指す方向性を確認し、同時に成長していける人材かを探ります。**

さらに「どうして当社を選んだのか」と質問することで、他社との違いをわかっているかをチェックしようとします。

これに対し応募者は**「御社でなければやりたいことは実現できないんだ」**という本気度を示していかなければなりません。「御社では○○もできるし、△△も実現できる」といくつかの魅力を組み合わせて語ると、同業他社には使いまわせない志望理由になります。

質問①　当社を志望する理由を教えてください

■回答Before

①**これまでの経験が生かせると思った**からです。また、②**御社のホームページに掲載されている「人を大事にする」という方針や、若々しい社風**にもひかれています。

ココが×

①表現が抽象的すぎるので、面接官が応募者のキャリアをイメージできない。

②ほかの会社にもあてはまるような会社の特徴を語るのは、企業分析の甘さを感じさせる。

■回答After

現職で日常的に使っている①**Word、Excel、PowerPointなどのパソコンスキル**が生かせることと、仕事の範囲を広げられそうだと思ったからです。私は5年間、○○社で営業事務をしていますが、資料や帳簿を作成するだけでなく、もっと営業のフォローをし、より売上に貢献できるような仕事をしたいと感じていました。御社では、②**営業の方と一緒に戦略を練っていくような人材を求められていると知り、私が求めている職場はここだと確信**しました。

ココが○

①生かせる経験や能力はなるべく具体的に語り、わかりやすく伝えることが大切。

②自分の求めていることと応募先の求めていることが一致していることを示せており効果的。

競合他社への応募も隠さなくていい

一時期のIT業界のように、業界全体が人手不足な企業に応募する場合、「競合他社も受けてますよね？」と聞かれることがあります。ここではとくに隠しだてする必要はありません。面接官は「他社との違いをわかっているか」を見ているので、「○○社と○○社も受けています。ただ、△△の理由で、御社が第一志望です」と伝えれば問題ありません。

質問② なぜ他社ではなく当社を選んだ？

■ After

面接官：なぜ他社ではなく、当社に応募されたのですか？

応募者：私はかねて社員として働くならば、❶**一緒に働く皆さんが生き生きとされ、同じ方向を目指して頑張っておられるような職場で、できる限り長く働きたい**と思ってきました。さまざまな媒体から御社について調べさせていただくなかで、御社は私の求める会社だと確信できたからです。あと、できれば東京都内で勤めたいと考えていたため、❷**勤務地や待遇条件も私の希望と合っており魅力的**だと思っています。

面接官：どういったところから当社の社員の雰囲気を感じたんですか？

応募者：まず、ホームページに載っていた御社の〇〇様のコメントを拝見したことで、私が求めている仕事環境のイメージに近いと感じました。また、社長のお名前でネット検索してみましたら、社長のブログを見つけました。過去2年分読ませていただいたところ、日記の端々から共感できるものが伝わってきました。

面接官：なるほど。ところで待遇などで、とりわけ希望の条件はありますか？

応募者：できれば頑張ったらそれに見合う報酬をいただけると嬉しく思います。

ココが〇　複数の接点を語り、オリジナルの志望理由に

志望理由は自分の希望条件との接点を見つけて話せるようにするのが鉄則。たとえば社風(①) の魅力に加え、希望条件との合致(②) などのように、複数の接点を語ることで“その企業だけの” 志望理由にできる。なお、待遇については補足程度に語り、必須条件ではないことを示そう。

質問③　ウチの会社じゃないほうがいいよね？

■ After

面接官：ウチじゃないほうが、あなたの経歴を生かせるのではないですか？

応募者：①**確かにITコンサルタントの仕事に就くことだけが目的であれば、これまでの経験が直結する環境系の他社を受けたほうがよいのかもしれません。ただ、**私にとっては御社が魅力的なのです。

面接官：具体的にはどんな点に魅力を感じているんですか？

応募者：私が注目しているのは、②**御社が「自動車メーカーとその関連メーカー」のコンサルティングを専門とされているところ**です。といいますのも、私は子どものころから自動車が大好きで、③**将来は自動車にかかわる仕事をしたいとずっと思ってきた**からです。自動車にもかかわれて、ITコンサルとしての知識を生かせる企業を探していたところ、御社の求人を見つけたことは、私にとって転職を決意するきっかけにもなりました。仕事面では④**自動車業界のしくみにも詳しくなれ、専門性を高められる**点でも、他社より魅力に感じているところです。

ココが〇　"Yes""But"の論法で、難問を乗り切る

答えにくい質問と感じるかもしれないが、志望理由が整理できていれば怖くない。「確かにそう（Yes）かもしれないが（But）、私はこう考えている」の論法（①）で話を展開すればOK。さらに複数の接点を語って（②③④）応募先にしかない魅力を伝えよう。

志望理由+α

キャリアプラン「将来は何がしたいですか？」

将来像との一貫性がカギ

「いつまでに実現するか」は問題ではない

目指す姿があることが大事

志望理由を聞かれたあとに、キャリアプランを聞かれることがあります。志望理由と重なる部分（ＷＩＬＬ）が多いので、付随するものと考えておいてください。

「５年先どうなっていたいですか？」と期限を決めて聞かれることもありますが、面接官が本当に知りたいのは期限ではなく「自分の目指す姿をイメージしながら働いているのか」ということ。

面接官は、漫然と働いている人より、**目標に向かっている人のほうに「主体性」と「辛いことにも踏ん張れる力」を感じます。**

志望理由とのズレは禁物

キャリアプランを語るとき、とくに大切なのは志望理由との一貫性。志望理由では「御社で営業のキャリアをもっと高めたい」といっているのに、キャリアプランが「将来的には企画のスペシャリストになりたい」では説得力がありません。

また、キャリアプランでは応募先との接点を考え、**その会社で実現できそうなこと**をいうのが基本です。１００％国内向け商品を扱う会社に「３年後は海外事業に尽力したい」といっても「よその会社を受ければ？」と思われるだけでしょう。

キャリアプランの回答例と質問例

■ 具体例を意識的に盛り込む

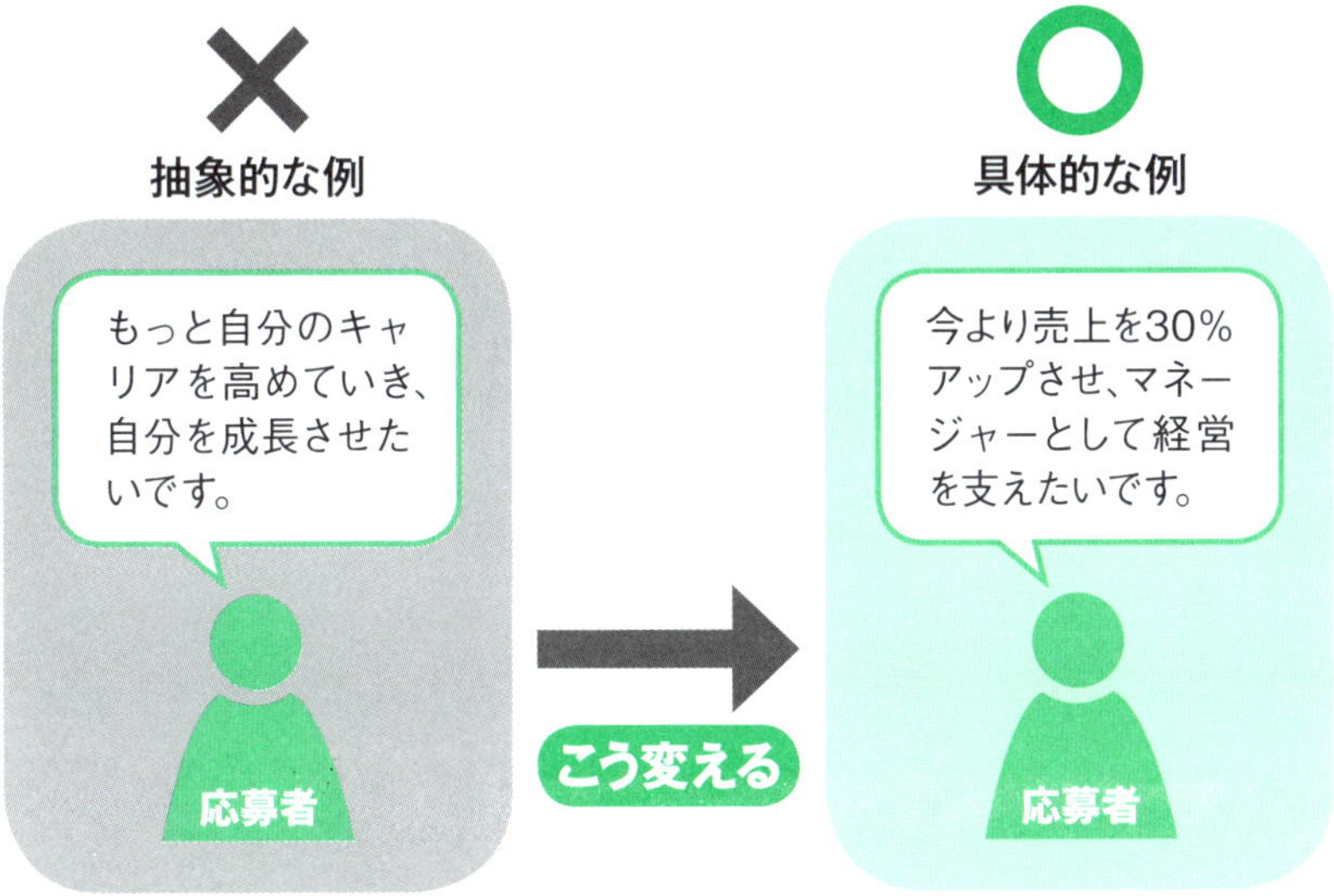
×
抽象的な例
もっと自分のキャリアを高めていき、自分を成長させたいです。
応募者
こう変える
○
具体的な例
今より売上を30%アップさせ、マネージャーとして経営を支えたいです。
応募者

▶ キャリアプランは具体的な言葉を盛り込み、面接官にイメージしやすくするのがポイントの一つ。面接で実際に語るときは、目標だけではなくそのために今から実行している「具体的な行動」を盛り込むことも忘れずに。

キャリアプラン 質問例

"目指すもの"があるか問われる

(→98～99ページに回答例)

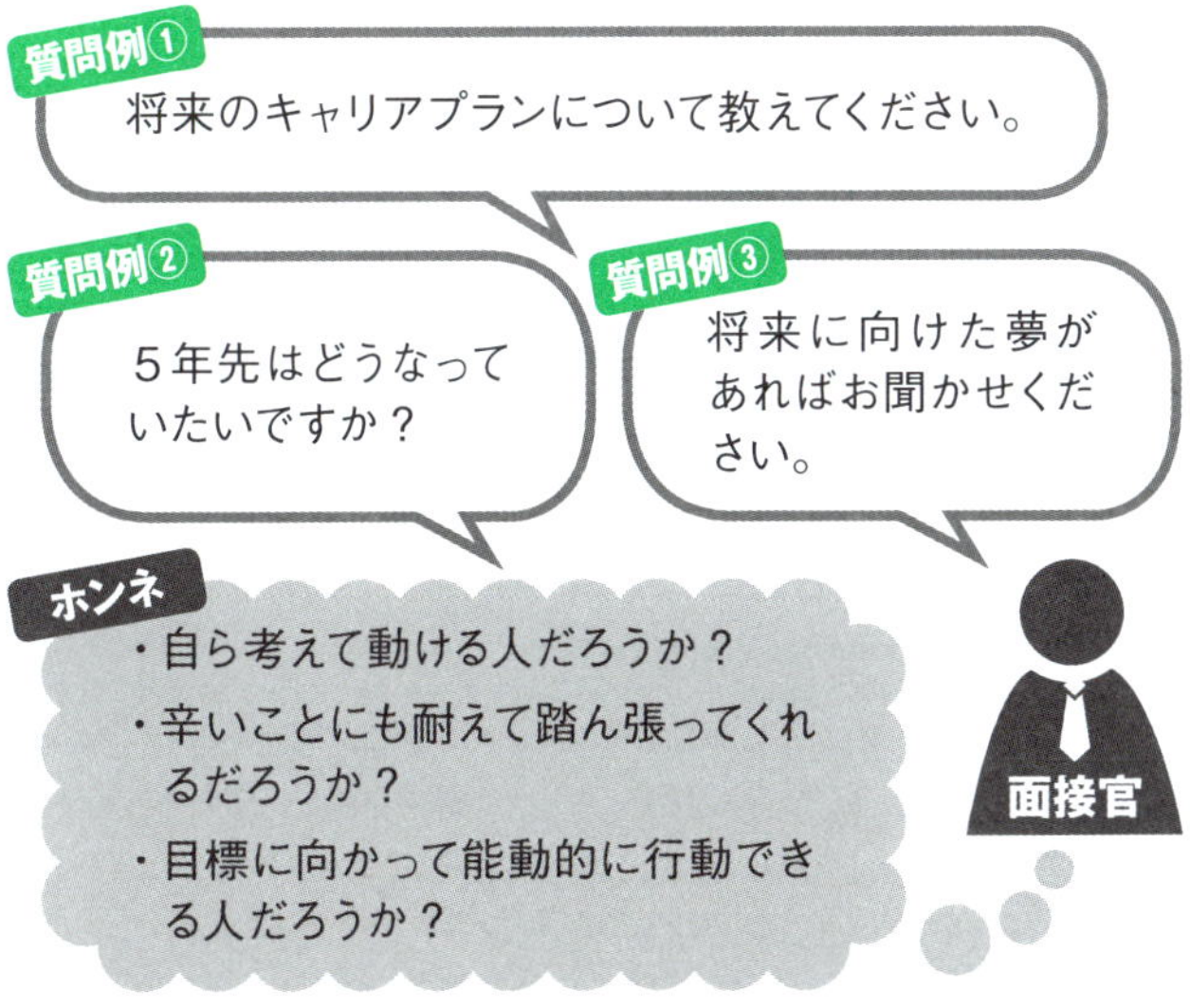
質問例①
将来のキャリアプランについて教えてください。
質問例②
5年先はどうなっていたいですか？
質問例③
将来に向けた夢があればお聞かせください。
ホンネ
・自ら考えて動ける人だろうか？
・辛いことにも耐えて踏ん張ってくれるだろうか？
・目標に向かって能動的に行動できる人だろうか？
面接官

質問①　将来のキャリアプランは？

■ After

面接官：今後のキャリアプランをお聞かせください。

応募者：まずは、経理としての実務の範囲をもっと広げながら経験を積んでいきたいと考えています。そしてゆくゆくは、①**事業計画や経営企画にかかわれるようになりたい**と思っております。

面接官：ではそのために、今何か実践していることはありますか？

応募者：はい。②**日々の業務に取りかかるときには、どんな仕事に対しても「なぜ今この作業が必要なのか」と実務の背景にある会社の方針について、一度自分なりに考える癖をつけています**。そのことは将来の自分の仕事ばかりか、モチベーションアップにも役立っています。

面接官：なるほど。それでは、これから取り組まなければならないと考えていることはありますか？

応募者：はい。これからは銀行さんとの交渉をはじめとして、経営層や社外の人と日常的にできるだけたくさんかかわれるようにしたいと考えております。そのためにも日々交渉力と多角的な経営的視点を磨きたいと思っております。

ココが〇　夢や意欲は「行動」で証明する

キャリアプランを語るときは「実務の幅を広げたい」といった個人的な目標だけでなく「会社に貢献したい」という意欲（①）を示すことも大切。その目標や意欲は、具体的な行動で裏打ち（②）し、“本気でそう思っているんだ”と証明しよう。

質問② 5年先はどうなっていたい？

■After

面接官：5年後はどうなっていたいとお考えですか？

応募者：正直申し上げまして、5年後のイメージはまだはっきりと浮かんでいません。今はそれを考えるよりも、最初の年から自分が何をすべきか、ということを考えています。

面接官：では、1年目には何をすべきだと思っているのですか？

応募者：はい。まずは、❶**できるだけたくさんの経営者の方とお会いして、深くお話しできる方を一人でも増やしたいです。その積み重ねが5年後の自分にも生きてくる**と思っております。

面接官：人脈を広げたいということですね。将来的には独立を考えているのですか？

応募者：独立して自分で会社を起こすことも、将来の選択肢の一つとして捨ててはいません。ただ「企業の一社員という立場を生かしながらできること」と「独立してできること」とがまだわかっていないところもあると自覚しています。ですので、❷**今は御社の社員として自分の力を最大限発揮し、現場での力をつけてから将来について考えようと思っております**。

ココが○　期間にこだわらず「目標」を伝えよう

5年後、10年後の将来像を問う目的は、目標を持っているかを確かめるため。つまり面接官が知りたいのは応募者の「目標」なので、仕事に対する前向きさを示せればOK(①)。なお、いずれ独立しようと決めている人も「必ずや独立します」とは語らないほうがベター(②)。「当社は踏み台？」と思われたら、採用はおぼつかない。

応募者からの質問

「最後に質問はありますか？」① 面接官が見ていること

熱意や関心の方向を確認している！

「とくにありません」は興ざめする

面接の終盤に場面はくる

転職面接では面接官から応募者への質問がひととおり終わると、面接官が「最後にそちらから何か質問はありますか？」と聞く場面がよくあります。

面接官は「知りたいことを教えてあげるよ」と、何も意図せずに問うこともあれば、応募者の**熱意や関心の方向をチェック**しようとしている人もいます。

質問の内容によって「この応募者はどれくらい当社のことを下調べしてきているか」「何に一番関心があるか」などがあぶり出されるからです。

対話の流れを意識する

面接は〝対話〟なので、「質問は？」と聞いて、**「ありません」と返されれば、面接官は肩透かしにあったような気分に**なるでしょう。

では、なんでも聞けばよいかというとそれもまた考えもの。「御社の社風を教えてください」といった抽象的で場当たり的な質問は「下調べもしないでここに来たの？」と思われてしまうかもしれません。

また面接の最中は仕事の話で盛り上がったのに、最後の最後で給与や残業など雇用条件の話ばかりを聞かれたら「結局興味があるのはそれか」と興ざめしてしまうでしょう。

面接官は「応募者からの質問」で何を見ている？

■二通りの見方がある

❶ 意図がない場合のホンネ

知りたいことを教えてあげますよ（善意）。

❷ 意図がある場合のホンネ

- 当社のことを調べて面接に臨むような熱意があるかな？
- 働く会社を選ぶうえで、どんなことに興味があるのかな？

採用側

だから、こう思われてしまうこともある

例

採用側：最後に何か質問はありますか？

応募者：はい。社長の好きな言葉を教えていただけますでしょうか？

採用側（心の中）：この応募者は、なぜこんな質問をするんだろう？　もっと仕事の内容を聞きたいとは思わないのか…。

面接の最後で悪い印象を残してしまうことも…

だから

最後の質問も気を抜かずに準備しておこう

採用担当のホンネ

質問内容で働きぶりまで想像される

質問の内容から、私たちは応募者の「働きぶり」まで想像することもあります。たとえば営業職やコンサルティング職などでは、下調べをしていてこそ客のニーズを引き出せるもの。そのような求人の面接で、応募先の企業のことを何も調べていないのがわかるような質問をされると、「こんな人じゃ顧客のニーズは引き出せないな」と思ってしまいます。

応募者からの質問

「最後に質問はありますか？」② 応募者が伝えるべきこと

質問には〝順番〟がある！

気になる条件・待遇は二の次に

まずは〝仕事ありき〟で聞く

面接官によっては、質問の内容で応募者の関心と熱意の高さを判断します。

そう聞くと「給料や休みなどの労働条件は聞かないほうがいい？」と思いがちですが、そうではありません。疑問はきちんと解消すべきです。

気をつけるべきは、質問の順番。いきなり条件面の話を持ち出すのではなく、まずは「日々どういう業務をするのか」のように仕事に関する質問をすべきでしょう。それが解決したら、気になっている条件や待遇を端的に聞く、という流れが基本です。

仕事内容は現場の人に聞く

面接官が答えやすい質問をする、というのも大切な視点。**抽象的な質問は、下調べを感じさせないうえ、面接官が答えにくい**意味でもマイナスです。

面接官の担当分野も意識してください。〝仕事ありき〟の質問を中心にしたほうがよいとはいえ、それは入社後に上司になるような現場の人が面接官になる場合のみ。役員や社長、人事担当者に仕事内容の細かいことを聞いても答えられないことが多いでしょう。こういった人が面接官の場合は、会社のしくみや今後の経営方針を聞くのが筋です。

大切なのは順番と答えやすさ

■質問はこの流れで

①仕事に直結した質問

例

「企画会議はどれぐらいの頻度で行われていますか？」
「営業職一人当たりの担当は何社ぐらいですか？」

▶

②条件や待遇の質問

例

「祖母の介護をしているのですが、出張は月何回ぐらいあると思っておけばよいでしょうか？ 」

▶ 質問は「仕事に直結するものから」が原則。面接官が明らかに急いでいて、いくつも質問することが厳しい場合もあるので、質問項目に優先順位をつけておく。条件や待遇を聞く際は、その質問をする理由を加えたい。

■こんな質問はNG

✕

① 「社長の趣味は何ですか？」
② 「社長はネクタイをいつもご自分でお選びですか？」
③ 「転勤はあるんでしょうか？」
④ 「夜は早く帰れるんですか？」

▶ ①②は、新卒面接で見られるような奇をてらった質問。転職の場では「何を知りたいんだろう？」と答えにくさを感じさせ、印象が悪くなりかねない。③は一般的に求人票に書いてあるはずで、勉強不足を感じさせる。④は「早く帰りたい」という気持ちが見え見えで、意欲が低いと受け取られる。どうしても聞きたいなら「なぜ早く帰りたいのか」の理由を端的につけ加えよう。

採用担当の**ホンネ**

「奥ゆかしさ＝歯がゆさ」!?

週休を２日取れるのか知りたい応募者が、聞きにくいのか丁寧にいったつもりなのか「実際のお仕事を鑑みると、かなりお忙しいようにお見受けしているのですが、皆様のお休みは…」などとまわりくどく質問することがあります。私たちが質問を求める場面は面接の最後。次に控えている予定が気になって、イライラすることもあります。明らかに時間がなさそうに見えたらむしろ「週休は2日ですか?」とズバッと聞かれたほうが印象はよいですね。

応募者からの質問

「最後に質問はありますか？」③ 質問例と回答例

〝聞き方〟で印象はガラリと変わる

いい残した自己PRをしてもいい

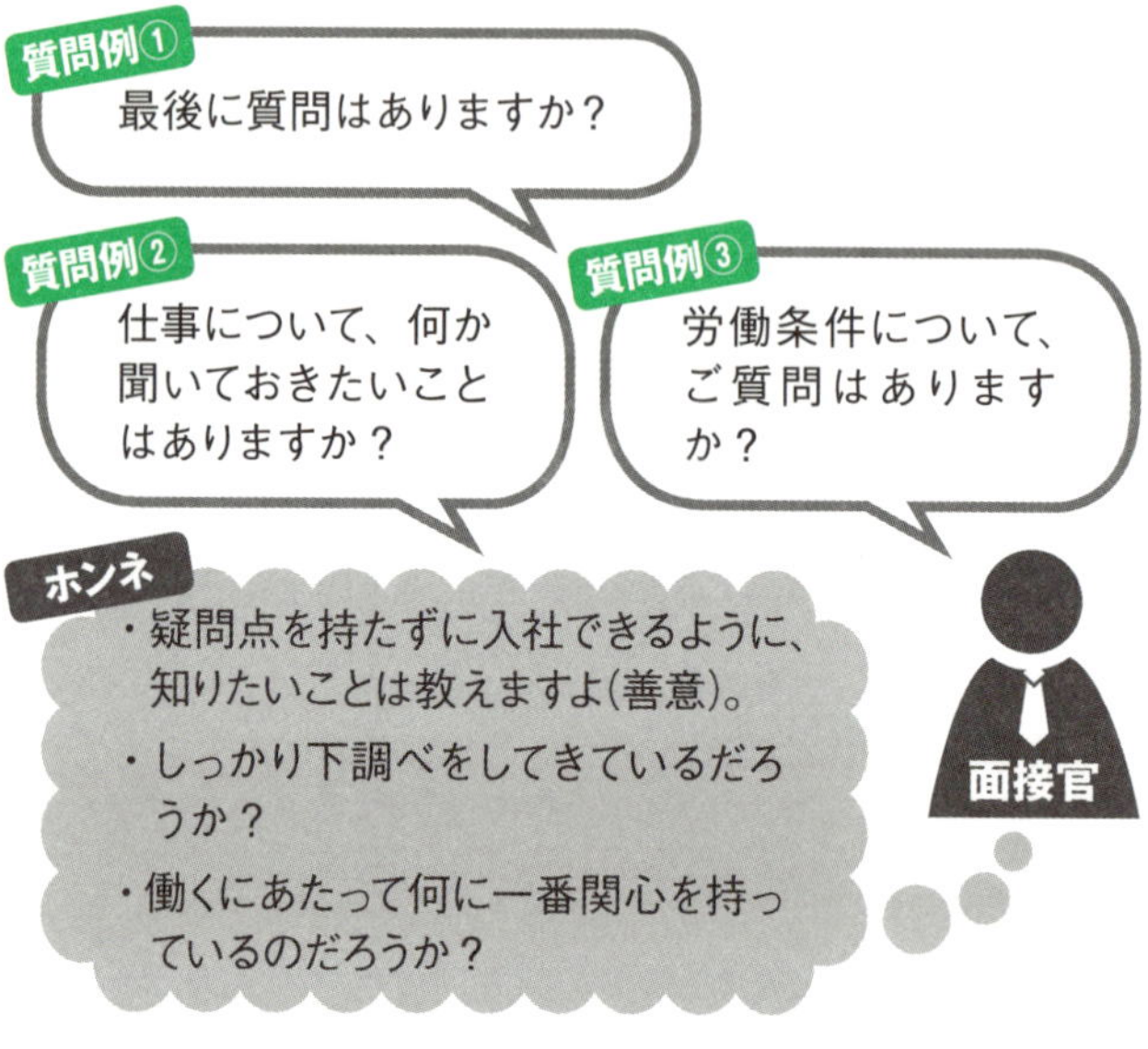

質問例①
最後に質問はありますか？
質問例②
仕事について、何か聞いておきたいことはありますか？
質問例③
労働条件について、ご質問はありますか？
ホンネ
・疑問点を持たずに入社できるように、知りたいことは教えますよ(善意)。
・しっかり下調べをしてきているだろうか？
・働くにあたって何に一番関心を持っているのだろうか？
面接官

質問の仕方でも一工夫

面接官は、それぞれのホンネを忍ばせつつ、上のような質問をします。

応募者は仕事の内容を中心に聞いてみてください。熱意を伝える意味では、質問ではなく**いい残した自己PRをする手も**あります（→109ページに事例）。

また質問の内容は、**表現の仕方によっても印象が変わります**。たとえば、残業の量が気になる場合「残業は月50時間程度と思っておけばいいでしょうか?」と聞くと、暗に「残業もいといません」と伝えられ、前向きな印象を与えられます。

質問①　最後に質問はありますか？

■回答Before

【例1】転勤はあるんでしょうか？

【例2】やはり残業はかなりあるのでしょうか？

【例3】御社の強みを教えてください。

ココが ×

【例1・2】意欲の低さをうかがわせる。

【例3】「下調べをしてきていない？」と思われるうえ、抽象的なので面接官は答えにくい。

■回答After

【例1】転勤もあるとのことですが、実際はどれぐらいの頻度で行われるものですか？

【例2】平均でいいので、何時間ぐらい残業はあると思っておいたほうがよいでしょうか？

【例3】単品でのセールスではなく、トータルにアフターフォローまでするシステムが強みと聞いていますが、企画職でもアフターフォローの部隊とともに営業に行くこともありますか？

ココが ○

【例1・例2】実態を具体的に聞いているので、面接官は答えやすい。

【例3】下調べができていて好印象。

採用担当のホンネ

面接もあくまで“対話”

すでに調べていたり、面接でのやりとりのなかで疑問が解消したりしたときは、無理に質問する必要はありません。ただし「質問は？」と聞いて、単に「ありません」と答えられると、多少なりともガッカリします。こういうときは〝対話〟であることを意識して「もう十分お聞きしましたので、とくにございません」と一言加えてみては？　それだけで印象はかなり違います。

質問② 仕事内容について質問は？

■ After

面接官：仕事について、聞きたいことはありますか？

応募者：２つあるのですが、よろしいでしょうか？

面接官：はい、どうぞ。

応募者：２つとも関連する内容なので、まとめてお聞きしますが、まず顧客先の経営層の方々との関係構築のために、①**会社として意識して取り組まれていることなどはあるのでしょうか**？
また、②**日常業務でやりとりするのは、主にクライアントの担当者クラスの方だと思っておいてよろしいでしょうか**？

面接官：一つ目のご質問ですが、会社の取組みとしては、春と秋にお客様をご招待し新製品内覧会のイベントを開催しています。そこで、弊社のトップと顧客先の経営層との関係を確認する場を設けています。
それから、普段やりとりするのは担当者レベルの方です。ただ、上層部の方とのパイプはつねに意識しなければならないことなので、営業担当者には上層部への定期的なフォローを怠らないよう求めています。

ココが○　「何を？」「誰に？」…掘り下げるように質問する

仕事内容を質問するときは、上例のように「どのように」（①）、「誰と」（②）など５Ｗ１Ｈを聞けば、実際の仕事をイメージしやすい回答が得られる。かつ面接官も答えやすく、鋭い質問と受け止めてもらえる。なお、どんな質問をする場合でも企業分析は必須。下調べをして確認するような内容であれば、相手は本気度を感じ、具体的に話してくれる。

質問③　仕事内容について質問は？

■ After

面接官：仕事内容について質問はありますか？

応募者：はい。①**予算や目標は個々の営業メンバーが、月ごとに設定する**ものと考えておいてよろしいでしょうか？

面接官：はい、個人別の目標を月間単位で設定しています。設定方法は、メンバーそれぞれのキャリアに応じて段階別に設けた基準があり、それに実力などを鑑みて、個別に調整しながら、といった流れになります。それから個人目標とは別に、チーム目標というものも設けています。

応募者：ありがとうございます。その目標を早期に達成したり、目標額を大幅に超える業績になったりした場合には、何か②**インセンティブは用意されているのでしょうか**？　あと、営業全体の③**何割くらいの方が目標を達成しておられて、そのうち目標よりも20％以上売り上げている人はどのくらいおられるのでしょうか**？

面接官：目標額を超えて業績を残した人に対しては、賞与で反映させるようにしています。それから目標達成率は全体の約6割、20％以上の業績の社員はその1～2割程度ですね。

ココが○　客観的な情報で、ノルマのキツさを探る

売上ノルマなどの程度を知りたい場合は、面接官の主観ではない情報を判断材料としたい。規定を聞く質問（①②）や、実態を聞く質問（③）は好例。③への回答が、極端に達成者が少なかったり、「今すぐ答えられない」とあいまいだったりしたらノルマがキツいとも推測できる。

質問④　労働条件について質問は？

■ After（休日について聞く場合）

面接官：条件面で質問はありますか？

応募者：御社の求人票には「週休２日」と書いてありましたが、❶**どうしても休日に出勤せざるをえない場合、土曜日と日曜日、どちらも出勤できますか**？

面接官：基本的に土日は休みなので、ほとんど出社を求めることはありません。忙しい時期は年に何度か任意で出社している社員もいますが、届け出さえ出していただければ出勤してかまいません。

■ After（勤務地について聞く場合）

面接官：条件面で質問はありますか？

応募者：御社の求人票に「転勤あり」と書いてありましたが、❷**地方にある5つの支社にすべて勤務すると考えておけばよろしいでしょうか**？

面接官：いえ、勤務地は基本的に本社のある東京ですが、今後の経営方針によっては支社勤務をお願いすることもある、という程度に考えておいてください。すべての支社をまわらせるようなことはまずないでしょう。

ココが〇　求人票を見てもわからないことを聞く

休日や勤務地など、働くうえでの条件を聞くときは「意欲がない」「条件ばかり気にしている」と受け取られないように気をつけたい。「休日出勤あり」（①）や「転勤あり」（②）を前提とした聞き方がベター。求人票を見ればわかることを聞くのは論外。

質問⑤　最後に質問はありますか？

■ After（自己PRする場合）

面接官：最後に、聞いておきたいことはありますか？

応募者：丁寧にご説明いただき、❶**今の段階で知りたかったことは十分おうかがいできましたので、とくに質問はございません**。それで質問ではないのですが、どうしてもお話しさせていただきたいことがあります。最後に少しだけ、お時間をいただいてもよろしいでしょうか？

面接官：はい、どうぞ。

応募者：ありがとうございます。❷**本日は転職を重ねてきた私に、こうして面接のチャンスをいただき、本当に感謝しております。ありがとうございました**。今日のお話のなかでも○○様（面接官の名前）からご指摘いただいたとおり、今までの転職には自分でも反省すべき点は多々あります。それをふまえて、❸**「最後の転職先だ」と肝に銘じ、御社に応募させていただきました。困難に向かっていく負けん気の強さは誰にも負けません**。その気持ちの強さを生かし、御社でお役に立ちたい、一緒に働かせていただきたいと願っております。どうぞよろしくお願いいたします。

ココが○　質問の場を「アピールの場」に変える

面接中にアピールし切れなかったことがあれば、質疑応答の場を活用する手もある。質問がとくにないのであれば、それをまず伝えよう（①）。それから「面接の場をもらった感謝の気持ち」を伝え（②）、自分の伝えたいこと（③）を話すようにする。

Column
細井が見た!
面接の"生"現場

意外なところに表れるメーカーエンジニアの真面目な気質

面接官向けのガイダンスで講義をすると、いろいろな会社の社風を垣間見れてとても楽しいものです。

たとえばメーカーのエンジニアの皆さんはノートを持ち込み、メモしながら一生懸命聞いてくださる方が多い。講義後の質疑の場面では、こんな質問がありました。

「当社の評定票は『他社への応募状況』を聞く欄がある。人事からも聞いてほしいと依頼されているが、これは聞きそびれたらどうしたらいいのか。追って確認する方法などはあるのか」

彼ら、とくに**大手メーカーのエンジニアは、決めるまではとても慎重ですが、一度決められたことは一生懸命履行しようと努力します。**そんな真面目な一面が、講義を聞いている姿にも質問の内容にも出るのです。

真面目さは面接の場にも表れます。たとえば先ほどの**「他社への応募状況」についての質問。じつはこれ、面接官が本気で知りたがっているとは限らず、むしろ人事から頼まれていることのほうが多い**のです。ホンネでは「こんなこと聞かれても、自分ならまともに答えないよな」なんて思っているかもしれないのです。

「転職理由は?」「志望理由は?」「やりたいことは?」「他社への併願状況は?」とひたすら聞いてくる、あたかも入国審査のような面接官もいます。応募者は戸惑うかもしれませんが、おそらく人事に渡された評定票をきっちり埋めようとしているだけ。「聞かなければならないこと」を確認している真面目な人だと思えば、質問攻めにされても少し気が楽になりませんか。

Part 4

ケース別！「答えに困る質問」はこう切り返す

正直、アピールできる
成功体験がありません

答えづらい
ことを聞かれたら
どうすればいい？

すぐ辞めたことを
責められそうで怖い…

答えに困る質問も怖くない！ハンデを乗り越える方法

うまく切り返すコツは「糧」として受け止めること

答えづらい質問の正体

転職面接では、多くの人が「答えづらい」と感じる質問があります。4章では、そんな質問に対して「応募者がどう切り返せばよいか」を、事例を挙げながら解説していきます。

その前に「答えづらい」と感じる質問の正体は何でしょう？ それは、**答える側（応募者）の〝弱み〟を突くような質問**です。

たとえば第二新卒の応募者は「すぐ辞めた」ことに対して、負い目を感じやすいもの。そこに「せっかく入った会社をなぜそんなに早く辞めてしまったのですか？」と聞かれると、答えに困ってしまうのです。

辛い出来事は未来を考える契機に

答えに詰まる質問をうまく切り返すコツは、**辛かった経験を「糧」と受け止める**こと。その**経験を未来の行動につながる「きっかけ」として活用する**のです。

逆に悪い印象を与えやすいのが「会社がひどかった」「上司が悪かった」などと人のせいにしてしまうこと。たとえそれが事実でも、言葉を重ねるほど言い訳がましく聞こえます。

過去を「糧」と受け止め、未来へのエネルギーに変える。この基本スタンスを忘れずに、各ケースの解説（→114ページ～）を読んでください。

答えづらい質問とは？

■誰しも〝弱み〟はある

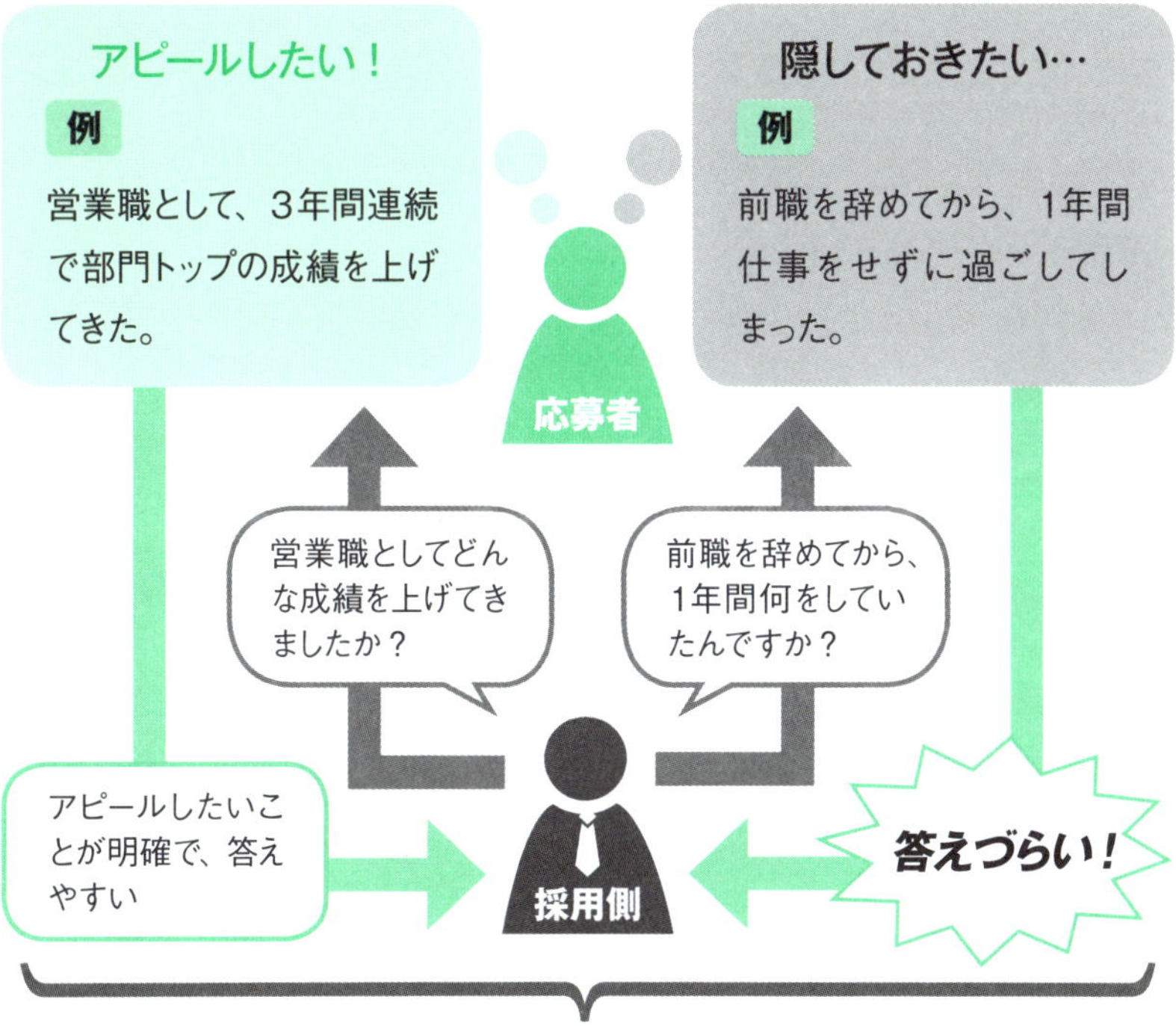
アピールしたい！
例
営業職として、3年間連続で部門トップの成績を上げてきた。
隠しておきたい…
例
前職を辞めてから、1年間仕事をせずに過ごしてしまった。
応募者
営業職としてどんな成績を上げてきましたか？
前職を辞めてから、1年間何をしていたんですか？
アピールしたいことが明確で、答えやすい
採用側
答えづらい！

つまり

応募者の弱みを突く質問 ＝ 答えづらい質問

▶ 弱みを突く質問を受けると、応募者はつい「前職の上司が厳しい人で…」などと人のせいにしたり「やろうと思っていたが、できなかった」と言い訳がましい回答をしたりしがち。かえって印象を悪くするおそれがあるので「反省すべき点は反省している」という謙虚な姿勢で乗り切ろう。

細井流！
チェックポイント

印象のよくない過去もウソよりはマシ

「過去の失敗を忘れ去りたい」「面接で失敗談は話したくない」などと思う応募者は多いようですが、面接官は「社内で問題を起こす人物ではないか」「失敗を生かしているか」などを確認するために、あえてそこを突いてきます。ときどき事実をねじ曲げて、ウソでかわそうとする人もいますが、これは駄目。どんなにほかの質問にうまく答えられても、ウソがバレれば不採用の決定的な理由となります。

第二新卒者の場合

「御社に入りたい」という熱意を示す

面接官は「またすぐ辞める？」と不安がっている

質問例①
せっかく入った会社をなぜ辞める（辞めた）のですか？
質問例②
なぜそんなにすぐ辞めてしまうような会社に入ったのですか？
面接官
ホンネ
・ウチに入社しても、またすぐに辞めてしまうのでは？
・当社に対して、積極的な志望理由はあるのだろうか？　熱意はあるだろうか？

「また辞める？」と思われないために

新卒で入社後、３年以内に退職した第二新卒者の場合、一度はその会社を選んで入ったのに「なぜすぐ辞めたのか」という質問を受けると、回答に詰まりがちです。

面接官がこの質問をする理由は「ウチの会社に入っても、すぐ辞めてしまうのではないか」と懸念しているから。

これに対しては、応募者は**ヘタに言い訳をするより「ぜひ御社に入りたい」という積極的な志望理由を伝えましょう**。早期退職を素直に反省し、その経験を糧としてＷＩＬＬの接点を伝えることが大切です。

質問①　せっかく入った会社をなぜ辞めるのですか？

■回答Before

入社前にイメージしていた仕事と、①**実際の仕事がかけ離れていたため、辞めることを決めました**。ただ1年間社会人として働くなかで、②**最低限のコミュニケーション能力は身についた**と思っています。

ココが×

①深く考えておらず、すぐまた辞めそうな印象を与える。

②たった1年のキャリアで能力を語っても説得力がない。語るなら具体的なエピソードを。

■回答After

入社前にイメージしていた仕事と、実際の仕事がかけ離れており、自分の就職活動について振り返って、①**企業分析の甘さを反省**するようになりました。一度入社した以上、続けていくべきか、それとも辞めて本当に自分がやりたいことを追求すべきか、転職という選択肢も含めて考えていたとき、御社の求人を拝見しました。本来やりたかった②**法人向けの営業ができる会社だと知り**、チャンスだと思って退職を決意しました。

ココが○

①自分の問題として受け止めていると示すことが大切。

②やりたいことを追求した結果で、しかも御社ならそれができると語っており、熱意が伝わる。

細井流！
チェックポイント

無理にリセットする必要はない

転職市場では、新卒入社後3年以内で辞めた人（第二新卒者）を「新卒」として扱う企業が増えており、その応募者の多くも「新卒として扱われたい」といいます。しかし、数か月間でも働いていれば「中途」として扱うべきとの考えの面接官も根強くいます。このため、10か月働いたのであれば、「短い期間ですがさまざまな能力を得ました」と語っても説得力はありませんが、「こんな思いで仕事に邁進した」という経験（新卒との差）は伝えるべきでしょう。

質問①　せっかく入った会社をなぜ辞める？

■After

面接官：せっかく入った会社をなぜすぐに辞めてしまうのですか？

応募者：1年ほどですが、実際に働きながら社内でさまざまな先輩の様子を見るなかで、自分の将来の姿をおおよそイメージできるようになりました。自分で選んだ会社ではあるのですが、その姿は私の目指している将来像とはかけ離れており、❶**「このままでいいのか」という違和感を覚えたので、改めて自分と向き合い、将来を真剣に考えようと思いました。その結果、転職という選択を強く意識**するようになりました。

面接官：では、そもそもなぜ今お勤めの会社を選んだのでしょうか？

応募者：はい。正直に申し上げまして、大学生で就職活動をしていたころは、内定をいただいた会社のなかから、待遇が一番よさそうで、入社したら両親が喜びそうな、有名な会社を選んでしまったことは否めません。当時は将来像をあまりイメージできておらず❷**「この会社が自分にとってふさわしいかどうか」を意識していなかったのは失敗だったと反省**しています。

ココが○　短絡的な退職理由はNG

「嫌になったから辞める」という短絡的な理由では「同じ理由でウチの会社も辞めてしまいそう」と面接官にイメージさせてしまう。“いったん立ち止まって考えた”と説明する(①)のがポイント。また、早期での退職をヘタに言い訳せず、反省していることを素直に語ろう(②)。

質問② なぜすぐ辞めてしまうような会社に入った？

■After

面接官：なぜそんなにすぐ辞めてしまうような会社に入社したのですか？

応募者：学生のころからウェブデザイナーに憧れ、とくに今働いている会社は好きなデザインを作っていました。「この会社で働きたい」との思いが強く、①**仕事の中身をあまり調べずに飛び込んでしまった**ためです。

面接官：そんなに思い入れの強い会社なら、辞めないほうがいいんじゃないですか？

応募者：はい。私もそう思って1年間働き続けてきたのですが、自分の目指す将来像と現在の働き方が大きくズレているのが実情です。現在、②**月150時間以上の残業が6か月続いており、この3か月間は土日も出社**しています。そのような状況で、入社1年を機に立ち止まり、今後自分のキャリアをどう積んでいけるのかを考えてみました。今の職場では、3年以上勤務している人はほとんどおらず、自分もこの先落ち着いて仕事をし、いいデザインを作っていけるのか不安を覚えました。そんな折に③**御社の求人を知り、ほとんどの方が3年以上のキャリアを積んでいる御社であれば自分の望む働き方ができると考え、転職を決意**しました。

ココが○ 率直に反省を語る勇気も必要

右の例と同様、自分の至らなさは素直に反省しよう（①）。また、仕事のハードさを伝えたい場合は「仕事がハードで」などと主観を交えるのではなく、客観的な事実で伝える（②）のが正解。さらに「御社であれば続けられる」というストーリー（③）を語れれば、面接官に好印象を与えられる。

成功体験がない場合

業績よりもプロセスをPR

成功体験がなくてもマイナスとは限らない

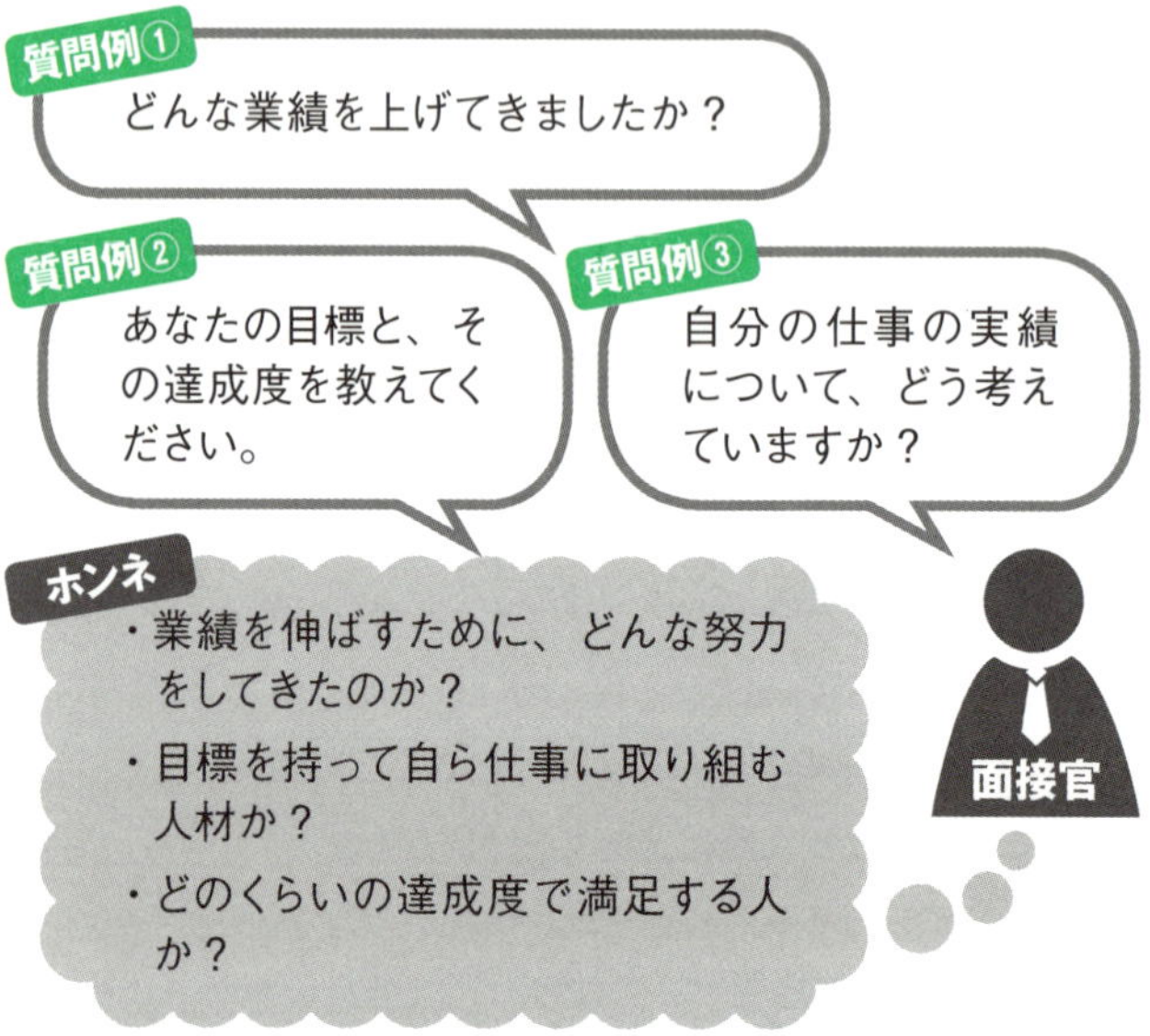
質問例①
どんな業績を上げてきましたか？
質問例②
あなたの目標と、その達成度を教えてください。
質問例③
自分の仕事の実績について、どう考えていますか？
ホンネ
・業績を伸ばすために、どんな努力をしてきたのか？
・目標を持って自ら仕事に取り組む人材か？
・どのくらいの達成度で満足する人か？
面接官

“思い”“頑張り”を伝える

「自分にはPRできるような経験がない」と考えている応募者なら「どんな業績を上げましたか?」といった質問は答えに窮します。

とくに営業職の面接の場合、面接官は必ず業績をたずねます。この真意は、なにも「よい業績を上げているか」を確かめたいのではなく、「どんな努力をしてきたか」、つまり**プロセスが気になっている**のです。

これに対し応募者は、**どんな「思い」でどんな「頑張り」をしてきたのか、を語ればOK**。成功体験がないからと、おそれる必要はありません。

質問①　どんな業績を上げてきましたか？

■回答Before

不本意ではありますが、あまりよい成果は残せていません。①**お客様の満足よりも、毎日の売上ばかりを重視する現在の会社の営業スタイル**に、②**違和感を覚え、モチベーションを保てませんでした**。

ココが ×

①会社に責任を押し付けていると受け取られる。
②違和感を覚えながらも何も行動しなかったことをイメージさせ、主体性のなさをうかがわせる。

■回答After

不本意ではありますが、あまり業績は残せませんでした。
ただ、私はこの仕事をやるうえで、①**お客様に顔と名前を覚えていただき、いつでも連絡を取り合えるような関係はできるだけ多く築こうと心がけて接客してまいりました**。それによって、業績にはつながりませんでしたが、いつでも連絡を取り合えるようなお客様は②**3年間で50人以上**できました。

ココが ○

①「思い」と「行動」を伝えることで、主体性の高さを印象付ける。
②頑張りの結果を具体的な数字で示しており、面接官がイメージしやすい。

採用担当のホンネ

等身大の自分で勝負して!

「成功体験がないと面接に落ちる」と考えているのか、今までの経験をより大きく見せようとする応募者がときどきいます。たとえば「成績を水増しして語る」「慣れないビジネス用語を無理に使う」など。しかし私たちからすると、そういった取りつくろいはすぐに見抜けます。それよりも、等身大の姿をいかに魅力的に表現するかを考えたほうが得策ではないでしょうか。

質問②　現在の（前職での）目標とその達成度は？

■After

面接官：あなたの目標とその達成度を教えてください。

応募者：現在は、新築戸建ての販売契約を月に×件、××万円という目標を持っています。その目標で1年間やりまして、①**残念ながら一度も達成できたことがありません**。

面接官：達成できなかった原因は何だと考えていますか？

応募者：目標を達成しているのが、約100人の社員のうち、毎月10人前後でしたので、会社全体としての売上が低迷していたことが一因として考えられると思っています。

面接官：そうですか。あなた自身は、目標を達成するために何か努力されましたか？

応募者：はい。まずはお客様との関係強化に力を注ぎました。業績という結果にはつながりませんでしたが、②**顧客情報を管理するためのオリジナルノートを作り、お客様の希望条件から好みのインテリアまで、こと細かに書きとめておきました。ノートは1年間で10冊になり、約100人のお客様の名前を聞けば、好みの物件をすぐイメージできるようになった**ことは、自分なりの成果だと思っております。

ココが〇　成績が悪くても、隠さなくていい

売上目標・達成度を聞かれたとき、成績が悪くてもウソは駄目。面接官は成績の良し悪しだけではなく、これまでの仕事で「どのような努力をしてきたか」にも注目している。ヘタに取りつくろわずに事実を伝え（①）、努力のプロセスを具体的に語る（②）ことでリカバーしよう。

質問③　実績について、どう考えている？

■ After

面接官：あまり実績が上がっていないようですが、自分の成果についてどう考えていますか？

応募者：自分が日々取り組んできたことが結果につながらず、正直いって不本意ではあります。しかし、私はお客様と密に接することが売上につながると考え、❶**担当している約50人のお客様と毎週一度は直接顔を合わせる、電話をする、などの方法で接点を持ってきました**。

面接官：不本意と感じたまま辞めてしまって、いいのですか？

応募者：❷**お世話になった会社と、自分の将来を考えると、最良の選択**だと思っております。私は入社当初からお客様ごとに丁寧にニーズを聞き、じっくり時間をかけて一つの商品をご提供するような営業をしたいと考えてきました。ですが現在の会社では取扱い商品が幅広く、一つひとつの説明は省かざるをえません。そこがとても残念で「もっとお客様と密に接し、最適な商品をご提案していく仕事に就きたい」という思いが強くなっていました。長い目で見ると、そういった思いを抱きながら仕事を続けていくのは、会社と私の双方にとってよくないと考えています。

ココが〇　**力を入れてきたことを具体的に語る**

右の例と同様、思うような成績が出ていなくても、自分が熱心にやってきたことを面接官がイメージしやすいように説明(①) すればOK。苦し紛れに「営業方針が悪い」「商品が悪い」などと会社のせいにしてしまいがちだが、それよりも感謝の気持ちを語る(②) ほうが好印象。

異業種・異職種に転職する場合

CAN《できる》とWILL《したい》をアピール

面接官は実務能力と本気度を見ている

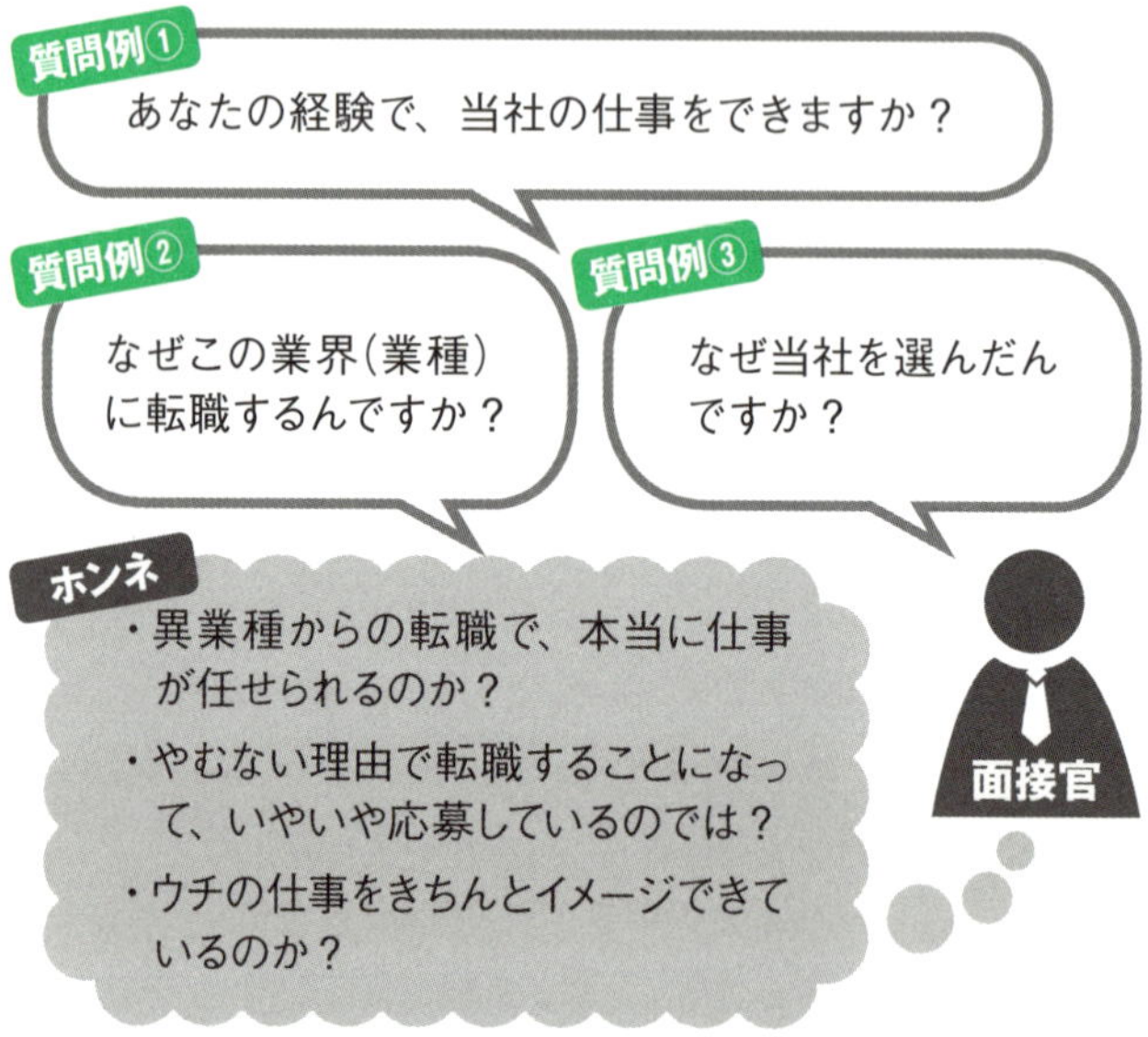

質問例①
あなたの経験で、当社の仕事をできますか？
質問例②
なぜこの業界（業種）に転職するんですか？
質問例③
なぜ当社を選んだんですか？
ホンネ
・異業種からの転職で、本当に仕事が任せられるのか？
・やむない理由で転職することになって、いやいや応募しているのでは？
・ウチの仕事をきちんとイメージできているのか？
面接官

〝接点〟から〝WILL〟へ

実務経験が重要な転職面接では、異業種・異職種からの転職は一つのハンデになりえます。そのため上のような質問は、応募者にとって答えにくいもの。

面接官は**「本当にウチの仕事ができるのか」ということをまずチェック**します。さらに「やっぱり前の仕事のほうがよかった」とすぐに辞めないかを探るために**「本気度」を確かめます**。これに対し応募者は、その仕事をできる（CAN）とアピールする必要があります。さらに、この仕事をしたいんだという思い（WILL）を示すことも忘れずに。

質問①　あなたの経験で、当社の仕事ができますか？

■回答Before

金融のシステム開発の経験はありませんが、システム開発はどんな分野でも応用できるので、❶**必要な知識を教えていただければできるようになると思います**。❷**意欲は誰にも負けません**。ぜひ任せてください。

ココが×

①「仕事を教えてください」という受け身の姿勢で、主体性のなさを感じさせてしまう。

②転職では「意欲」だけでなく、これまでしてきたことの何が生かせるかを語らないと駄目。

■回答After

金融のシステム開発の経験はありませんが、❶**オープン系のシステムの実装から、業務分析フェーズのプロジェクトリーダーまで、上流から下流までの開発全般を経験しており、この経験は仕事を進めるうえで生かせる**と思っております。とくに、セキュリティ対策などの危機管理についてはお役に立てることも多いのではないかと考えております。❷**金融業界の特性や仕事の流れなどを身につけて、一刻も早く戦力になれるように頑張っていきます**。

ココが○

①自分のキャリアの何が生かせるかを具体的に示せていて、面接官はイメージしやすい。

②業界チェンジのハンデを認識できているところが好印象。主体的な姿勢を伝えられる。

「あえて厳しい世界に」は聞き飽きている

「自分は、営業は得意ではありませんでしたが、あえて厳しい世界に身を置いて、自分を鍛えてみようと思いました」。これは、営業で実績を上げられなかった転職者が、前職を選んだ理由として語りがちな言葉です。当然ながら面接官は聞き飽きており「業績を上げられなかったために自己防衛しているんだな」と感じるだけ。本気でそう考えて入社し、具体的なエピソードがある場合を除き、避けるべきでしょう。

質問②　なぜ異職種に転職するのですか？

■After

面接官：営業職のキャリアがあるのに、なぜ事務職を志望されるのですか？

応募者：もともと細かな作業やパソコンを扱うことが好きで、営業として働きながら事務的な作業もやっておりました。それを続けているうちに、事務を本業としてやっていきたい、と考えるようになりました。

面接官：事務的な作業というと、具体的にはどんなことでしょう？　弊社の事務職として、やってきたことは生かせますか？

応募者：はい。今の会社には営業のサポートをする人がいないので、①**伝票処理は自分でやっております**。また顧客管理は自分で作成した②**AccessでデータベースをExcelで管理帳票を作成して部署で活用**してきました。自宅のパソコンにもオフィスアプリケーションの最新版を入れてマクロの勉強をしております。事務処理だけの仕事であれば今は至らない点もあるかもしれませんが、営業を経験しているので③**営業部の方がやりやすくなる、かゆいところに手が届くようなサポートができる**と思っております。

ココが〇　「やりたい」だけでなく「できる」も伝えて

転職ではキャリアが重視されるので「やりたい」という意欲だけではアピール不足。異職種からの転職であっても、活用できるスキルが身についていることを具体的に示していこう（①②）。さらに“異職種からの転職だからこそできること”（③）を伝えられればなおよい。

質問③　なぜ当社を選んだのですか？

■ After

面接官：MRとしてキャリアを積んできているのに、なぜ当社のような広告営業を選んだのですか？

応募者：MRの仕事にはやりがいを感じていましたが、1年前に腰を痛め転職を考えるようになりました。

面接官：体を壊していなかったら、転職しなかったんですか？

応募者：いえ、❶**体を壊したことをきっかけに、自分の将来をじっくり考えた結論**です。MRは医療機器など重いものを日常的に持つので、入院中に上司から「今後はお客様をまわるのではなく、管理部門でマネージャーを務めてもらう」といわれました。そのとき自分のこれからについてじっくり考えました。内勤なら体は確かに楽になるものの、お客様との接点はなくなります。そこに違和感を持ったのです。それで、❷**これからもお客様と接し続けられる仕事**を探しているうちに、御社の求人を見つけ応募しました。❸**広告業界を選んだ理由は、これまでも仕事でお客様や関係者の意見を聞きながら宣伝ツールを作った経験があり、多くの人の声をまとめて一つのものを作る仕事におもしろみを感じてきたからです**。

ココが〇　消極的な理由での応募は敬遠される

体調を理由に異業種に転職する場合、体を壊したことは「きっかけ」にすぎない（①）と伝えたうえで、これからやりたいこと（②）を語る。さらに「なぜ応募先の業界を選んだのか」や「今までの経験を生かせること」（③）があれば必ず伝えよう。

アルバイト、派遣社員↓正社員の場合

「安定したい」はタブー

責任と自覚、意欲を問われる

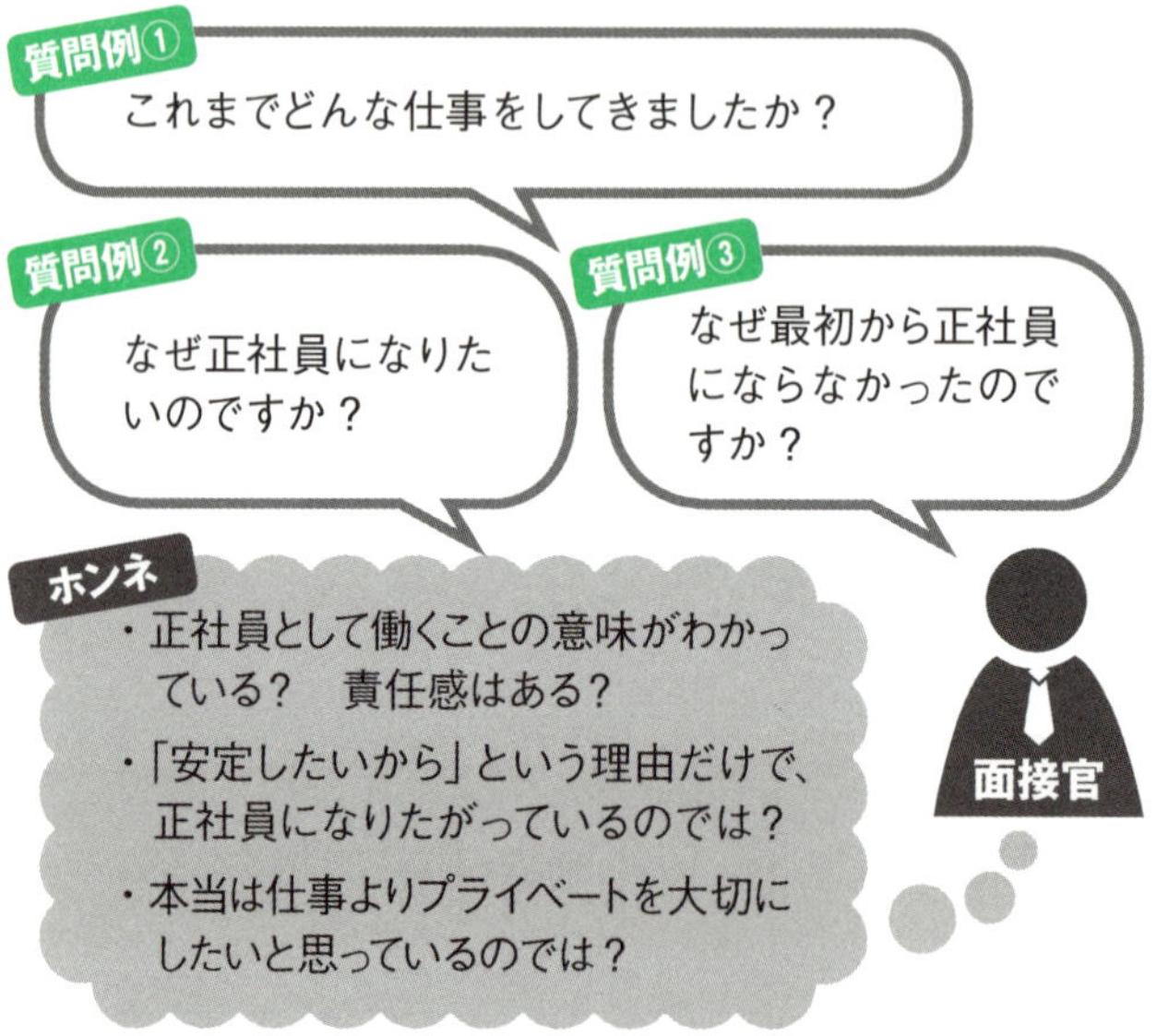
質問例①
これまでどんな仕事をしてきましたか？
質問例②
なぜ正社員になりたいのですか？
質問例③
なぜ最初から正社員にならなかったのですか？
ホンネ
・正社員として働くことの意味がわかっている？　責任感はある？
・「安定したいから」という理由だけで、正社員になりたがっているのでは？
・本当は仕事よりプライベートを大切にしたいと思っているのでは？
面接官

説得力ある転職ストーリーを

これまでアルバイトや派遣社員しか経験していない人には、上のような質問がよく投げかけられます。

面接官が気にしているのは、**正社員として仕事を任せられるだけの力があるか**。もっといえば**正社員としての責任を自覚し、仕事に対し意欲があるか**、ということです。

そのため、正社員を希望する理由が「安定したいから」だけでは駄目。応募者は、正社員と変わらない仕事をしてきたこと、さらに仕事に対する思いをしっかり伝えるように心がけてください。

質問①　これまでどんな仕事をしてきたのですか？

■回答Before

主に営業から①**まわってきた売上を入力する仕事を任されていました。**

ココが ×

①表現があっさりしすぎていて、面接官がイメージしにくい。単に仕事をこなしてきただけのイメージも持たれやすい。

■回答After

営業部で売上を入力する仕事をしておりました。

営業職の社員は20人おり、入れ替わり立ち替わり毎日仕事を依頼されていました。しかも今の職場の営業職の人は①**「今日の夜までに過去の資料を見ながら作っておいて」とあいまいな依頼をされることが多く、優先順位をつけながら整理していくのが難しい環境**でした。

ただその分、自分の力に期待されている部分が大きいと感じ、②**引き受けた仕事は必ず期限までに仕上げることを意識**しました。それによって、営業の皆さんをはじめ会社の組織全体の役に立てていることを実感し、やりがいを感じています。

ココが ○

①ただ仕事をこなしていただけでなく、主体的に仕事に取り組んでいたことがわかる。

②正社員同様の責任を自覚していることがわかる。

細井流！
チェックポイント

意地悪な質問は冷静に対処

「正社員ではなくて、アルバイトとして働いてほしいといわれたら、あなたはどうしますか？」こんな意地悪な質問をする面接官もいます。これは応募者の本気度を試すのが狙い。この場合は、冷静に考えるためにも「いったん考えさせていただけないでしょうか」と預かるのが正解。転職目的が「正社員になること」ではなく、「その会社でその仕事をすること」なら「アルバイトでもかまいません」と答えてもいいでしょう。

質問②　正社員を希望する理由は？

■ After

面接官：なぜ正社員になりたいのですか？

応募者：一言でいえば、もっと①**会社の役に立ちたい**と考えるようになったからです。

面接官：派遣社員ではできないのでしょうか？

応募者：私は10年間、派遣社員として3社で働いてきましたが、いずれの会社でも仕事の質や量は正社員と変わらないとの自負があります。ただ派遣である私は、企画会議には呼ばれません。正社員だけで考えたことを実行するだけの仕事をしてきました。同じ仕事量をこなしても評価されず、何かあればすぐに契約を切られる立場であることも正直いって不本意でした。現在の職場は5年と長いので、②**いろいろ提案したいと上司にも話をしました**が、それを求められていないことがはっきりわかりました。このことを機に、正社員になりたいと強く考えるようになりました。長く働ける職場で、安心感を持ちながらもっと会社の役に立ちたいと考えています。

ココが○　“正社員として”働く意欲を伝えよう

派遣社員の場合、職務の枠がはっきり分けられていることが多く「正社員としてどんな仕事も引き受けてくれるのか」と不安を抱く面接官もいる。この不安を解消するには「会社の役に立ちたい」という気持ち（①）や、前向きな行動を伝える（②）のが効果的。

質問③　なぜ最初から正社員を選ばなかった？

■ After

面接官：なぜ最初から正社員にならずにアルバイトを選んだのですか？

応募者：大学生で就職活動をしていた当時は、やりたいことが明確でなかったので、社員として長く働ける会社を探し切れずにいました。卒業が近付き、❶**このまま就職しても続けていく自信が持てなかったので、アルバイトをしながら方向を定めようと思いました**。

面接官：実際にやりたいことは見つかったのですか？

応募者：はい。同級生や先輩が社員として働き始め、その話を聞くことで自分が働く姿もイメージできるようになり、やってみたい仕事にも出合えました。じつは❷**半年前に母が入院しまして、そのときの経験から大学時代に学んだコミュニケーション学を医療の場で生かしたい**と強く思うようになりました。今は❸**営業の仕事、とくに御社のようなメディカル分野で働きたい**と考えております。

面接官：就職活動をしていたころにメディカル業界の営業は考えたことはなかったのですか？

応募者：はい。将来有望な業界だとは思っておりましたが、働くことまでは想像しませんでした。

ココが○　**正社員以外を選んだ理由は正直に説明**

「とりあえずアルバイト」という道を選んだ人は、正直に語るしかない（①）。大事なのはそのあとの説明で、「周りの話を聞いて焦って転職」と面接官に受け取られないよう「なぜやりたいのか」（②）と「やりたいこと（WILL）」（③）を具体的に説明できるよう準備を。

出戻り系転職の場合

「もう一度本気でやりたい」を伝える

「いやいや戻ってくるのでは？」と面接官は見ている

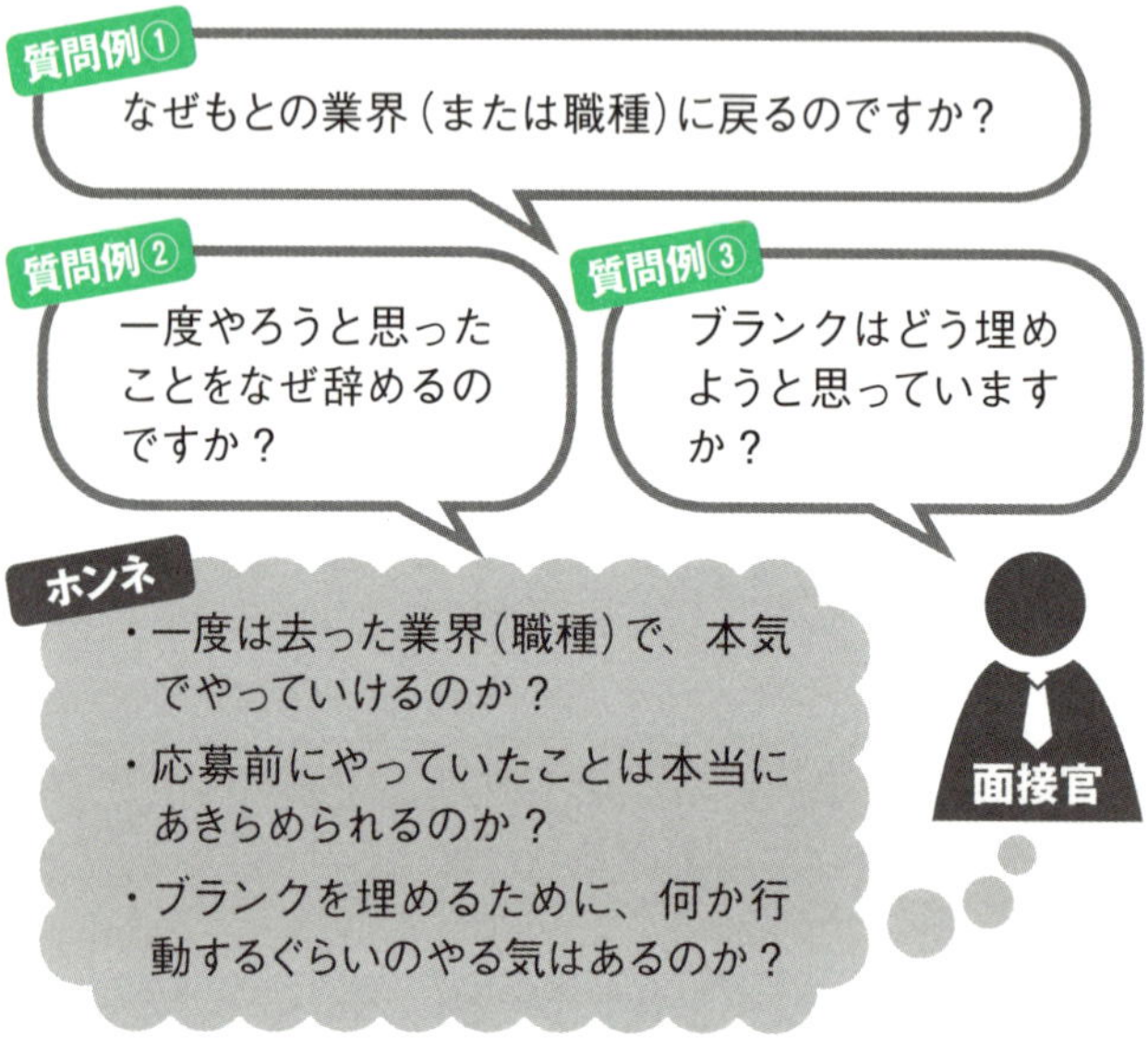
質問例①
なぜもとの業界（または職種）に戻るのですか？
質問例②
一度やろうと思ったことをなぜ辞めるのですか？
質問例③
ブランクはどう埋めようと思っていますか？
ホンネ
・一度は去った業界（職種）で、本気でやっていけるのか？
・応募前にやっていたことは本当にあきらめられるのか？
・ブランクを埋めるために、何か行動するぐらいのやる気はあるのか？
面接官

誠実に自分の過去と向き合う

「出戻り系転職」とは、ある業界の会社をいったん辞め、異業種（異職種）に転職するなどしたものの、ふたたびもとの業界に戻るケースのことです。

面接官は「本当は戻りたくないのに仕方なく戻ってくる」応募者を嫌がります。ＩＴ業界など移り変わりの激しい業界は、３年前の知識はほとんど使えないもの。意欲がなければ、そのブランクは埋められないと見なされがちです。ここで**応募者が伝えるべきは、ズバリ「本気度」。「自分にはこれしかない！」という気持ちを伝えられるかがポイント**です。

質問　なぜもとの業界に戻るのですか？

■ After

面接官：いったん辞められたのに、なぜ営業に戻りたいのですか？

応募者：はい。会計士になりたいと思い、会社を辞めて勉強に専念し始めたのですが、なかなかうまくいきませんでした。いったん立ち止まってこれからのことを考えた際、そもそも会計士を目指した動機は「将来の安定を手に入れたい」からだと気付きました。①**原点に立ち返り、安定した生活を送るために自分のすべきこととできることを熟慮した末、営業職として再出発したいと強く考えるようになりました**。

面接官：「営業ならできそうだから」という理由で応募されたのでしょうか？

応募者：もちろん、経験が生かせることは志望理由の一つです。ただそれだけでなく、今回自分と向き合ったときに、苦労や喜びなどの印象深い記憶は営業の仕事をしていたころのことばかりでした。②**離れてみて、営業という仕事に愛着を持っている自分に気付け、私にはこれしかないと思ったことが一番の理由**です。

ココが○　**熱意と愛情でいやいや感を取り除く**

上例での会計士のように、応募業種（職種）以外で目標を追っていた場合、面接官は「夢をあきらめ切れずにまた辞めてしまうのでは？」と危惧することも。目標を変えた理由（①）を伝えてフォローしよう。仕方なく戻ってくると思われないよう、応募する仕事への熱意や愛情（②）は必ず伝えて。

ブランクがある場合

行動実績を準備しておく

〝内定が取れない人〟と思われるのはマズイ

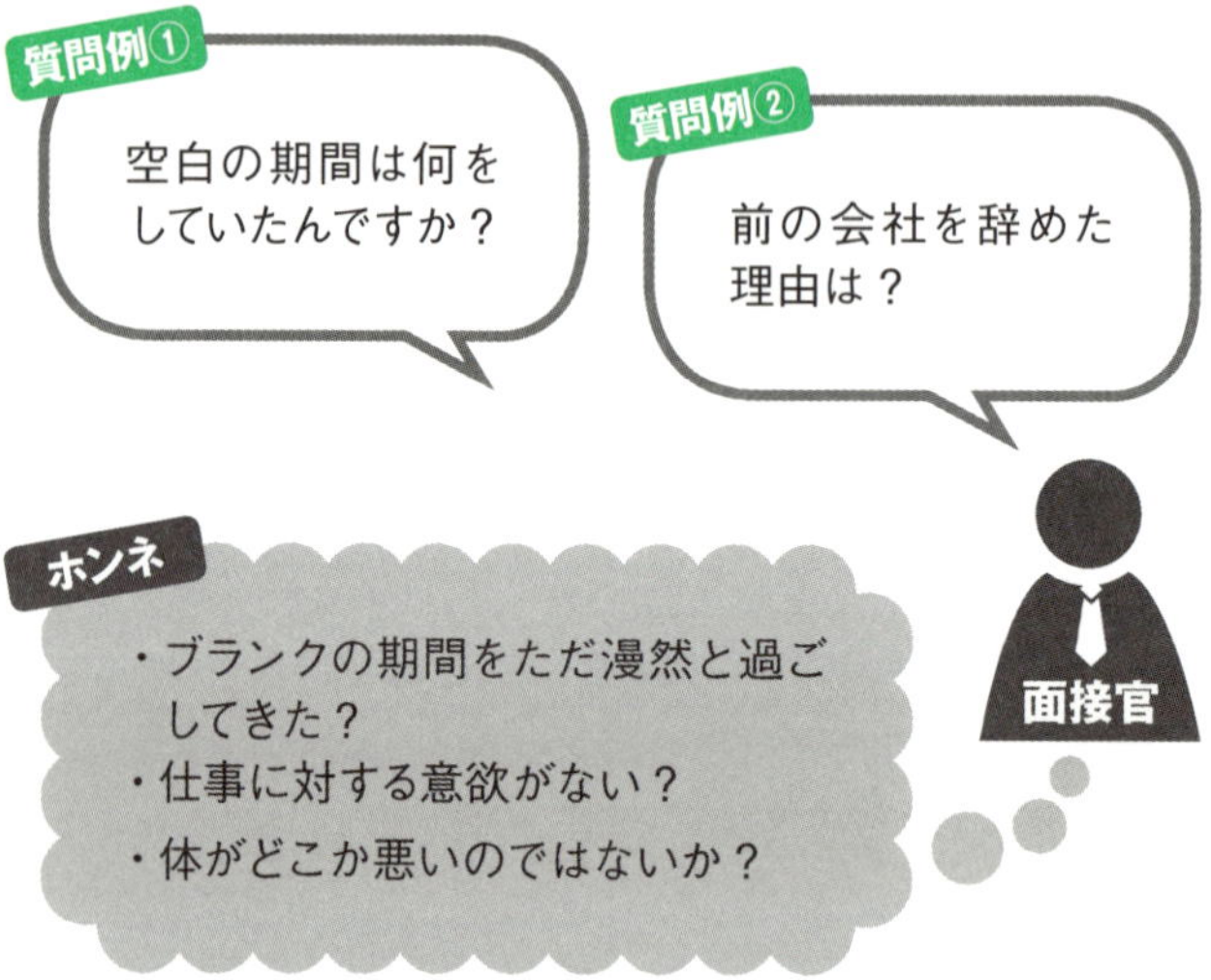

質問例①
空白の期間は何をしていたんですか？
質問例②
前の会社を辞めた理由は？
面接官
ホンネ
・ブランクの期間をただ漫然と過ごしてきた？
・仕事に対する意欲がない？
・体がどこか悪いのではないか？

「仕事の空白」には納得できる説明を

転職の場では、前職を辞めてから3か月以上経っていると「ブランクがある」と見られ、その期間の過ごし方が問われます。さらに6か月以上定職に就いていないと「内定が出ない人では」と疑われるおそれもあります。

応募者がブランクのハンデを軽視し「この期間も決して無駄ではありませんでした」とすませるのは危険。**空白の期間をどう過ごしてきたかメリハリをつけ、さらにその間も働く準備をしていたと話せるようにしておきましょう。自分の意志を入れ込む**と「仕方なくブランクができた」感じはなくなります。

質問　空白の期間は何をしていましたか？

■ After

面接官：前職を辞めてから1年あまり経っているようですが、何をされていましたか？

応募者：❶**短期のアルバイトをしながら、世界各国をまわっていました。前職での3年間はほとんど休めなかったので、ここでしっかり充電し、帰国後は転職活動を始めています**。

面接官：エンジニアとして活躍されていたようですが、そもそもなぜ前職を辞めたのでしょう？

応募者：大きなプロジェクトをやりとげて一段落つき、考える時間がほしかったからです。先ほど少し申し上げたとおり、前職では平均して月2日ほどしか休みがなく、じっくり将来を考える余裕がありませんでした。

面接官：当社に入社したら情報がかなり更新されていて、ついていくのも大変かもしれませんよ。

応募者：私自身、焦りはあり、早くリカバーしたいと考え、❷**転職活動と並行してネットで最先端の開発状況をキャッチアップし、先輩のエンジニアにも現状を聞き始めています**。もし御社でチャンスをいただけるのであれば、この取組みは入社後も続け、半年以内に新技術の特徴をすべていえるまでにしていきます。

ココが〇　ヘタな言い訳は印象が悪い

ブランクの期間に海外旅行をする人は多いが「異文化に触れてコミュニケーション能力を高めた」などと苦しい言い訳をするよりは、正直に本当のことを伝えたほうが印象はよい(①)。ただし、働く準備ができていないと思われるのは問題なので、実際の行動を示してリカバーを(②)。

客観的な事実と学習効果がカギ

面接官の不安を取り除くには

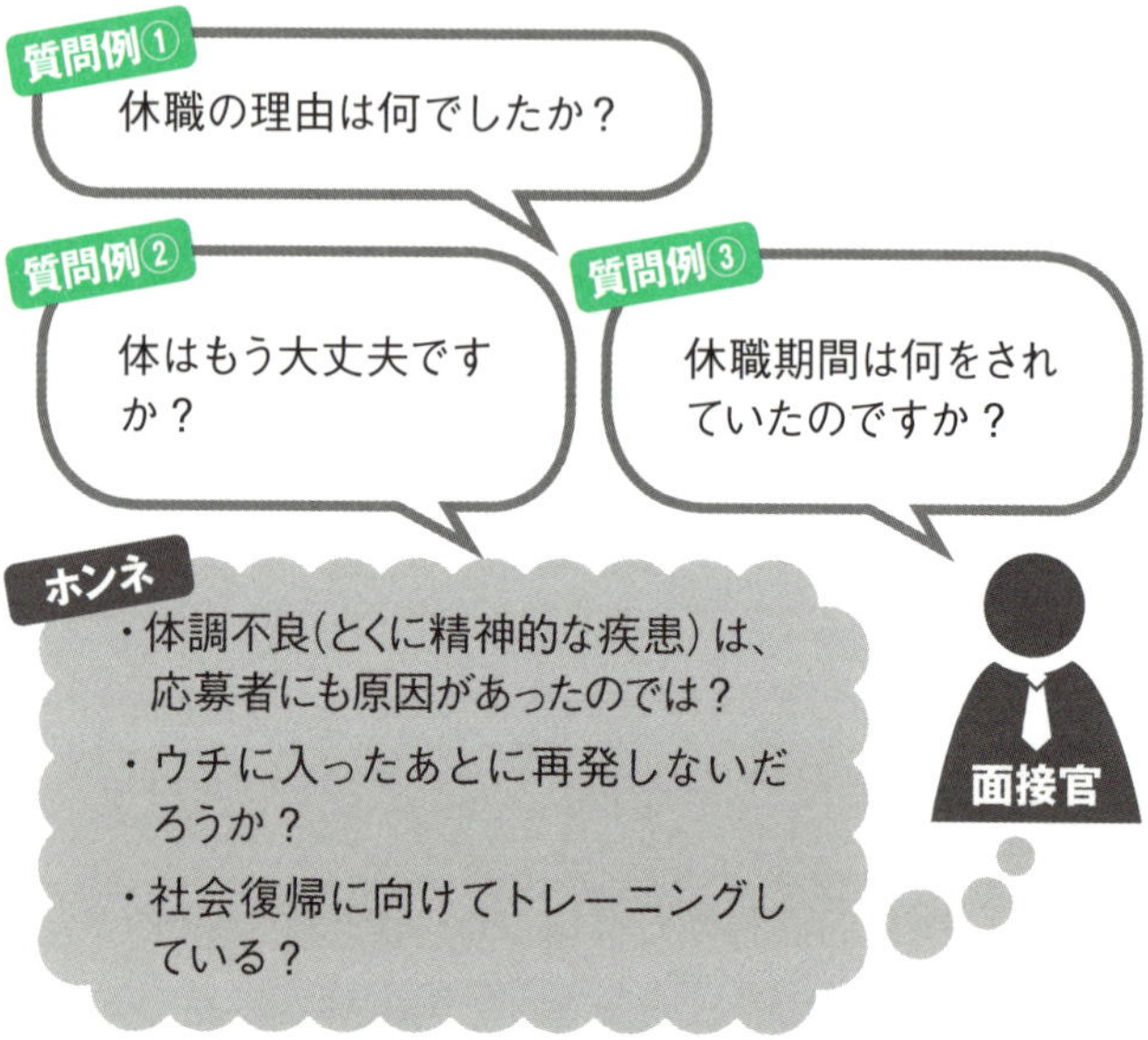
質問例①
休職の理由は何でしたか？
質問例②
体はもう大丈夫ですか？
質問例③
休職期間は何をされていたのですか？
ホンネ
・体調不良（とくに精神的な疾患）は、応募者にも原因があったのでは？
・ウチに入ったあとに再発しないだろうか？
・社会復帰に向けてトレーニングしている？
面接官

再発を心配させない伝え方を

面接官は、入社後に病気が再発しないか、とくに精神的な疾患の場合は本人に問題がなかったかを気にします。

これに対して応募者が伝えるべきポイントは、まず**「なぜ休職したか」を客観的な事実として伝えること。主観は交えず淡々と出来事を話しましょう。**そのうえで**「体調不良は完治しているから、もう大丈夫」とわかってもらう**ことが大切です。

また、長期間休職していた場合はブランクと同様、社会復帰に向けてトレーニングした行動実績を示しましょう（→132ページ）。

質問　休職の理由は何でしたか？

After

面接官：休職されていたようですが原因は何ですか？

応募者：体調を崩して、休職していました。

面接官：よければ詳しく話していただけますか？

応募者：体調を崩したきっかけは、仕事量が自分のキャパシティをオーバーしたからだと考えています。体調を崩す直前でいえば、❶**1か月を通して休日は1日だけでした。土日も休めず毎日終電で帰って、翌朝9時に出社するという生活が半年続き**、気がついたら体に無理がきていました。

面接官：そうですか。体のほうはもう大丈夫ですか？

応募者：はい。病院からお墨付きをもらっていますし、以前働いていた会社に今復職しても、同じ病気にならない自信があります。というのも、当時はまさか自分が病気になるとは思ってもみませんでしたが、そのころの自分の体調を振り返ってみると、予兆のようなものを感じていたのです。今はその❷**きざしがわかっているので、早めにストレスや疲れをコントロールできるようになり、ある意味、免疫力がつきました**。

ココが〇　主観はできるだけ省き、以前より調子がよいことを示す

体調を崩した原因が「残業が多い」のように会社の労働環境による場合、「残業が多いか少ないか」は主観になりがちなので、数字を交えてなるべく客観的な事実で伝えることが基本(①)。また「入社後に再発しないか」という面接官の不安を取り除くために「以前より成長した」とも伝えよう(②)。

中高年の場合

最近成長したエピソードを語る

過去にこだわらず、未来志向で

質問例①

この1年間で、自分が成長したと思えることはありましたか？

質問例②

仕事をするうえでのモットーを教えてください。

ホンネ

・過去の栄光にこだわり、ここ数年間を惰性で働いていないか？
・自分を成長させるために努力を続けているか？

じつは実績以上に大切な〝これから〟

中高年の場合は何よりも「経験」が重視されます。これまで何をしてきて何をできるのか、つまりCANの接点が見られます。

ただ「経験が生かせる」というPRだけでは、じつは駄目。中高年の方ほど「変化に対応する力」や「これからも成長したいという意欲」が問われるのです。

さまざまな経験を積んできた応募者は、過去の実績を自慢気に語ってしまいがちです。ここ1~2年間のうちに成長できたエピソードを語れないと「惰性で働いてきたのでは」と思われるので注意してください。

質問　最近、自分が成長したエピソードは？

■After

面接官：ここ1年で、成長を実感できた瞬間を教えてください。

応募者：社内コミュニケーションを改善する目的で発足したプロジェクトチームのリーダーを務めたことで、若い人との接し方が今までと変わりました。

面接官：もう少し具体的にお話しいただけますか？

応募者：はい。「若手は考えることをせず、すぐ答えを求める」というのが私の彼らに対する評価だったのですが、プロジェクトチームでの話し合いを通じ❶**「考えさせずに行動ばかり指示していた」という私自身の課題**が見えてきました。もっと若手に活発な提案をさせるため、❷**ネット系のベンチャー企業におじゃまして会議を見学**させていただくこともありました。その結果、些細なことかもしれませんが「言葉」が重要だということがわかりました。会議では否定的な言葉は封じ込め、❸**「みんなはどう思う」「もっとよい方法はないか」と問いかけるようにしました**。プロジェクトとしての気付きではありますが、部門内のコミュニケーションが変わったことを実感しています。

ココが○　「課題」と「行動」で“成長できる”と伝える

「成長する意欲」を示すには、自分自身の課題（①）を突き止め、その解決のために実際に動いたエピソード（②③）を語る必要がある。その場合、たとえば「コミュニケーションが足りないという課題」などのあいまいな言葉では伝わりにくいので要注意。

長く働きたいという意志を伝える

女性にしか聞かない質問は本来NGだが…

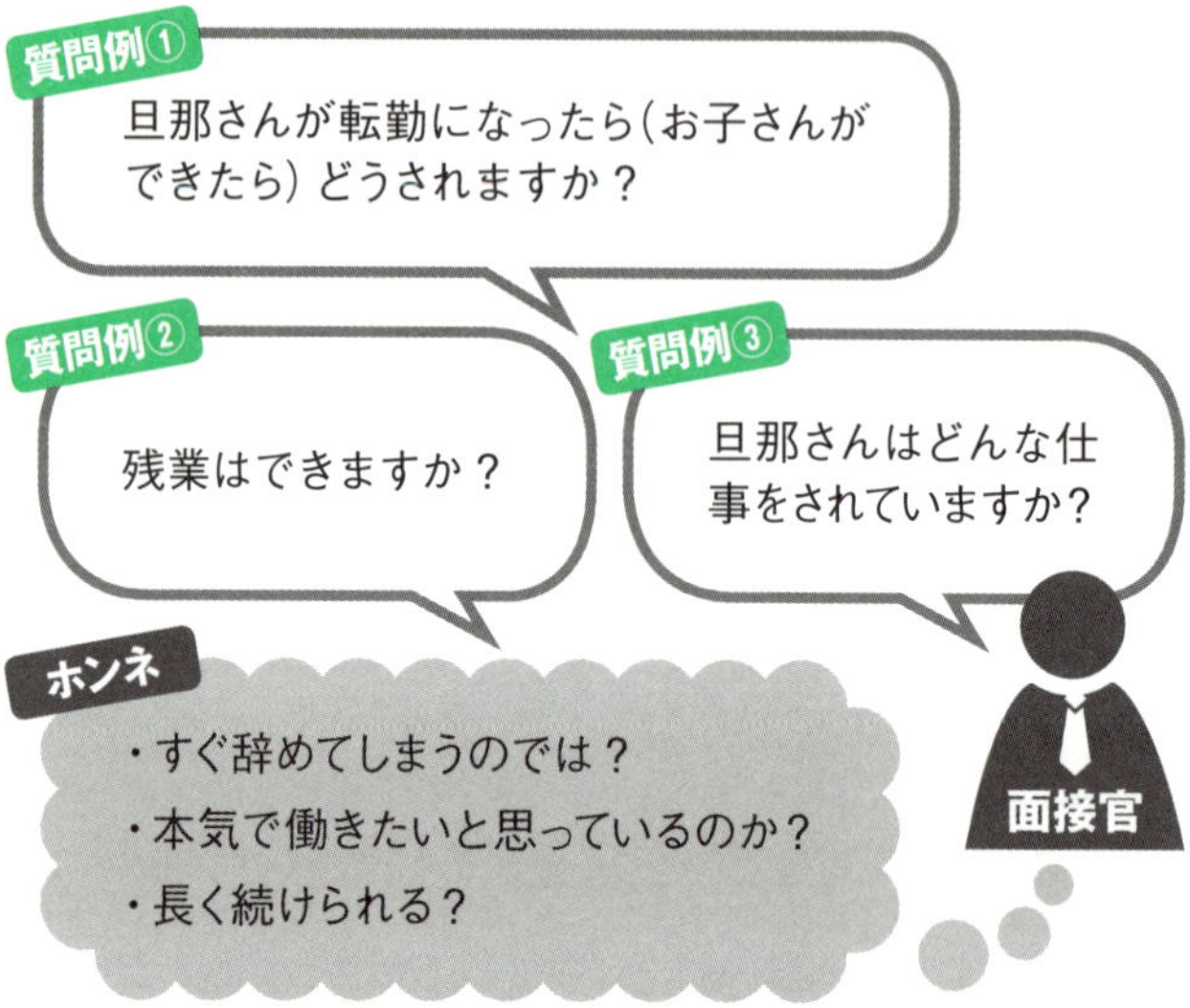
質問例①
旦那さんが転勤になったら（お子さんができたら）どうされますか？
質問例②
残業はできますか？
質問例③
旦那さんはどんな仕事をされていますか？
面接官
ホンネ
・すぐ辞めてしまうのでは？
・本気で働きたいと思っているのか？
・長く続けられる？

自分なりに考えて、正直に

女性だけにするような質問は本来許されません。とはいえ実際の面接の場では聞かれることが多く、女性の応募者は答えに詰まってしまうことも…。

タブーなのになぜ聞くのかというと、**面接官は「本気で働こうとしているのか」を知りたい**から。長く勤めてほしいからこそ、確認しておきたいのです。

ここで応募者は、基本的にウソをつく必要はありません。「長く勤めるためにすでにこんな行動を取り始めています」と具体例を絡めて答え、本気度を伝えられればベストです。

質問　子どもができたらどうされますか？

After

面接官：お子さんができたら、どうされるおつもりですか？

応募者：できれば仕事を続けたいと考えております。

面接官：残業もあると思いますが、大丈夫ですか？

応募者：はい。①**引越しをするときに近隣の保育所をいくつか調べました**し、幸いなことに私の実家が近いので、②**家事や育児に協力してもらえるよう母に話はしております**。ただ、できれば出産の前後は最低限の休暇をいただけるとありがたいとは思っております。

面接官：旦那さんも同じようにお考えですか？

応募者：はい。夫とは結婚する際に話をしており、子どもが生まれても③**私が仕事を続けられるように、育児に協力してくれることを約束**しています。

面接官：さしつかえなければ、旦那さんはどのような仕事をされているのか、お教えいただけますか？

応募者：パソコンの周辺機器の営業をしております。転勤はないと聞いていますし、御社にご迷惑をかけることはないかと思います。

ココが○　長く勤められる用意があることを具体的に語る

性別にかかわる質問を受けた場合は、「長く勤めたい」という意欲を表わすつもりで答えていこう。ポイントは具体的な行動を語ること。子育てと仕事を両立するためにどんな対策を考えているのか（①②③）を伝えられるように準備して。

転職回数が多い場合

〝行き当たりばったり〟感を払《ふっ》拭《しょく》

転職回数の多さはマイナスイメージ

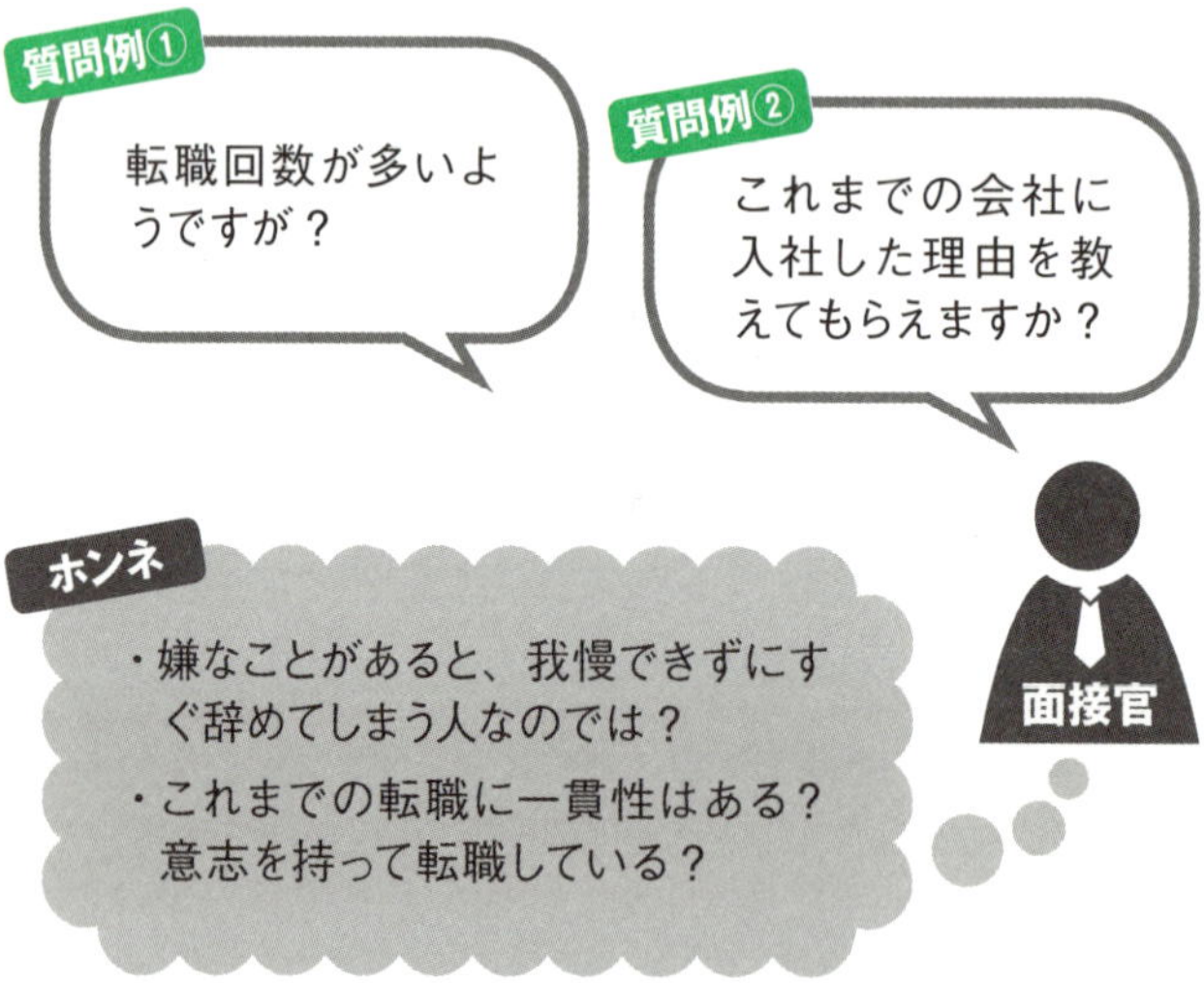
質問例①
転職回数が多いようですが？
質問例②
これまでの会社に入社した理由を教えてもらえますか？
面接官
ホンネ
・嫌なことがあると、我慢できずにすぐ辞めてしまう人なのでは？
・これまでの転職に一貫性はある？意志を持って転職している？

「職を転々と」はマイナス

一般的に、2回以上転職をしていると、面接官はマイナスイメージを持ちます。基本的に企業は「長く勤めてほしい」と思っているので「すぐ辞めてしまう人ではないか」と警戒するのです。

ここで大切なのは、**それぞれの転職理由、入社した理由に一貫性があるか**どうか。

転職回数が多くても、自分のキャリアを考えながら、会社をうまく使って転職を繰り返しているのならまだOK。一方、行き当たりばったりで転職を繰り返していると感じさせてしまうと採用はおぼつきません。

質問　転職回数が多いようですが？

■After

面接官：今回で４回目と、随分転職を繰り返しておられますが、どんなご事情があったのですか？

応募者：はい。最初の転職は会社の業績不振がきっかけでした。収入アップを目指し転職したのですが、❶**「安易に選んでしまった」と今では反省しております**。収入だけを重視して「やりたい仕事」とズレていたため、実際になかなかうまくいかずに6か月で辞めることになってしまいました。

３社目は知人の紹介で入ったのですが、入社前に聞いていた仕事内容ではなくまた、あると聞いていた社宅がないなど、条件が異なっていました。紹介してくれた知人にも相談した結果、リスタートするならお互いのために早いほうがいいということになり再度転職しました。

４社目は❷**最後の転職にしようと慎重に探した会社**です。初めて自分でできることとやりたいことを見つめながら探した会社でした。仕事内容もとても充実しており働き心地もよかったのですが、今回事実上の倒産となるので再度転職先を探しております。

ココが○　自戒の念を持ち、「今回が最後」のつもりで

行き当たりばったりで転職を繰り返してしまった場合は、それを正直に伝えるしかない。そのうえで、自分の失敗をいさぎよく反省しよう（①）。さらに、その反省をふまえて「もう転職しない」という決意を伝えることも大切（②）。

リストラされた場合

言い訳や愚痴から脱却する

現実を受け止め、前向きさを示す

質問例②
前職でリストラがあったということですが、リストラされずに残った人はいますか？
質問例①
リストラ対象者の選び方はどのようなものだったのでしょうか？
面接官
ホンネ
・応募者に問題はあったのか？
・100人中70人のリストラならまだ仕方ないが、100人中10人のリストラだと不安…。実際はどうだったのか？

転職理由が明確な〝リストラ〟

リストラにあって転職を余儀なくされた応募者の場合、**面接官は「応募者に問題があったから、リストラの対象になったのではないか?」と懸念**します。

応募者は、ここで長々と言い訳したり、愚痴をいったりするのはよくありません。「入社歴が20年以上の社員が対象になった」「所属部門ごとなくなった」などと、端的に説明できるようまとめておきましょう。

さらに「自分が経営者でも同じことをしたと思います」と語れれば、「リストラにあったこと=機会」と受け止められるはずです。

質問　リストラ対象者の選び方は？

■ After

面接官：今回の退職理由は、経営不振によるリストラということですが、なぜリストラの対象になったかお聞きになりましたか？

応募者：はい。事業縮小によるリストラでしたので、同じ事業に携わっていた社員はほぼ対象になるということでした。

面接官：全員解雇となったわけではないんですか？

応募者：はい。若年層とベテランの管理職層はリストラの対象外でした。❶**対象は個々の業績によって判断されるのではなく、私を含めた30代以上の社員全員**です。

面接官：そうですか。会社の措置にはさぞご不満じゃないですか？

応募者：確かにリストラの発表があった当初は「なぜ今まで頑張ってきた自分たちが…」という不満がわき上がりました。ただ、今冷静になって会社の経営状況を鑑みると、❷**私が経営者の立場でも同じ判断をするかもしれません。事業を立ち直せなかった私にも責任がある**わけで、不満よりはむしろ、入社以来いろいろと面倒を見てもらってきたことに感謝しております。

ココが○　前職への思いは“恨みごと”ではなく“感謝”を

リストラされて転職する場合、対象者の選ばれ方をわかりやすく説明(①)すれば、応募者に原因があって辞めさせられたわけではないことを伝えられる。また前職への恨みごとをぼやきがちだが、それは禁物。むしろ感謝の気持ち(②)を伝えて印象度アップを。

セクハラ・パワハラで辞めた場合

「不満↓志望理由」のストーリーがキモ

ただの〝不満〟で終わらせない

質問例①
前職に何か不満はありましたか？
質問例②
前職への不満が解消されたら、転職しないのですか？
面接官
ホンネ
・不満だけが理由で退職していないか？
・当社でやりたいことがしっかりあるのか？

ハラスメントの詳細までは語らない

基本的に面接官は、**不満ばかり語る応募者を敬遠します**。たとえ理不尽なセクハラやパワハラがきっかけで転職を決意した人であっても、過去の出来事の受け止め方と表現の仕方には注意が必要です。

また面接官は、不満ばかりが先立ち「やりたいこと」がない状態で退職した応募者にはいい印象を持ちにくく「何かあればすぐまた辞めるのでは」とイメージしてしまいます。

そこで応募者は、不満を述べるのは最低限にとどめ**「転職して何をやりたいか」を中心に語りましょう。**

質問　前職に何か不満はありましたか？

■ After

面接官：前職に何か不満があるのですか？

応募者：不満といえるかわかりませんが、❶**昨年の事業譲渡で経営層が変わったことが、私にとって転職の大きなきっかけ**になりました。

面接官：具体的にお話しいただけますか？

応募者：今の会社は、創業者が生み出す製品を好きな人が集まってできたような会社で、社員全員が好きな製品を製造し販売してきましたが、結果的に市場の変化に対応し切れずブランドを譲渡することになりました。昨年末に刷新された経営陣は、製品への考え方がこれまでと正反対で、すべてを「効率」と「効果」で評価するようになりました。私なりの意見を申し上げたところ「お前のようなやつは明日からもう来なくていい」といわれてしまいました。

面接官：それが不満で退職したのですか？

応募者：不満というよりも価値観の違いだと思います。新経営陣の判断は、経営的には正しいのかもしれません。しかし、ドライな価値観にどうしても違和感があり、半年前の商品戦略会議で「品質」よりも「コスト」を重視する方針が決まったとき、私は❷**これからも「品質」にこだわって仕事をし続けたい**という目標が固まったので、将来を考え転職しようと決めました。

ココが○　**まずは「不満」のウラに潜む「WILL」を発見**

「お前のようなやつは、明日からもう来なくていい」というパワハラが転職の理由であっても「パワハラされて嫌になりました」という短絡的な回答はNG。不満はあくまで転職のきっかけ（①）ととらえ、不満の裏側にある「やりたいこと」（②）を語れば前向きさを伝えられる。

Column
細井が見た!
面接の"生"現場

最終面接…役員の圧迫をかよわい女性がはねつけた日

薬学系の学部を出た女性（Aさん）が、とある製薬会社の最終面接を迎えたときのこと。じつはこの会社、ある役員が圧迫面接をし、受けた人が一様に「怖かった」と感想を漏らすことで有名でした。

運悪くAさんの最終面接にその役員が。Aさんは芯は強そうでしたが、おとなしく控えめ。心配していたところ、案の定、圧迫面接を受けたそうです。

ここで、そのときの最後の問答をご紹介しましょう。

役員「ウチにあなたの同期はいないようだが、競合他社にはたくさん入社しているんだろう?」

Aさん「はい」

役員「ふん、おかしいな、私だったらまずは先輩や同期をツテに、そういった仲間のいる会社を優先的に受けようとするけどね。そういった会社には応募してないの?」

Aさん「いえ、そういう観点で探していませんでした」

役員「ひょっとして、君は友人がいないんじゃない?」

それまで冷静に対処してきたAさんもここでプチ爆発。「私は友人がいるかいないかで大事な就職先を決めるようなことはしません」ときっぱりいい放ちました。見事な啖呵《たんか》だったのでしょう。一瞬役員の顔がとても険しくなったそうで、「ああ怒らせてしまった、きっと駄目だろう」とAさんは思ったそうです。

面接後、Aさんに届いた知らせは「内定」。**一番最後の質問できっぱりと自分の意見をいったところがよかったのだと**あとで聞かされました。玉虫色の答えではなく、芯のある受け答えが圧迫面接をはね飛ばしたのです。

Part 5
職種別！必要な力、求められる人材とは

職種ごとに
聞かれることは違うの？

自分がPRすべき
ポイントを
おさえておきたい！

応募職種で
求められる力が
わからない…

求められる〝力〟は職種によって違う

自分がPRすべき「力」は何？

職種で質問も変わる

5章では、よくある質問とその回答例を「職種別」に紹介していきます。

なぜ職種別に解説するのかというと、転職面接では**応募する職種によってとくに求められる能力が違う**から。たとえば営業職なら「活動意欲」や「(目標）達成意欲」などである一方、事務職では「任された仕事を柔軟にこなす力」「ホスピタリティ（気働き）」が重宝されます。求める能力が変われば当然、面接官の質問も異なります。

150ページからの事例を参考に、自分なりの答え方を考えておいてください。

どの職種でも求められる2つの力

ただし、職種を問わずすべての仕事で求められる力もあります。

それが「タフさ」と今まで何度も出てきた「主体性」です。**ストレスフルな仕事にも耐えられる「タフさ」と、難しい仕事でも自分でおもしろみを見つけ改善や工夫をしていける「主体性」**が求められるのです。

そのほか、全職種で求められがちな能力を左ページに掲載します。

とくに求められる力と、職種別に求められる力を意識しながらアピールすることがポイントです。

「求められる力」一覧

■全職種で求められる2つの能力

①タフさ

精神的・肉体的に丈夫で、厳しいビジネス環境に耐えられること

OKエピソード例

顧客から納期を1週間早めるよう急に要望を受け、各所にお願いしてまわった結果、予定どおり納品できた経験

＋

②主体性

自分なりの目的意識を持ち、自ら問題や課題を見つけるなど前向きに仕事に取り組めること

OKエピソード例

「前年比売上5%アップ」を目標に営業し、結果的に「7%アップ」を達成した経験

■求められることの多い能力

- **論理的思考力**
- **多角的な視点**
- **実行力**
- **想像力**
- **協調性**
- **高い使命感**
- **変化対応力**
- **好奇心**
- **チャレンジ精神**

など

▶ これらの能力は「タフさ」「主体性」に次ぎ、職種を問わずよく求められる。すべてを満たしている必要はないが、自分にあてはまるものがあれば応募企業に応じて積極的にアピールしよう。

細井流！
チェックポイント

「求めている力」は鵜呑《うの》みにしない。一歩踏み込んで考える

企業側は「求めている力」のすべてを求人欄に書きません。ホンネでは「ストレスに強い人がほしい」と思っていても、そのとおり書く企業は少ないでしょう。なぜなら、そう書くと応募者が「ストレスが多い仕事のようだ」と悪いイメージを持ちかねないから。そのため応募者は、求人欄の求める力に「コミュニケーション能力」などとあっても、それのみをアピールしないほうが得策です。

営業職の場合

大事なのは業績アップへの〝意欲〟

客観的な数字で答えよう

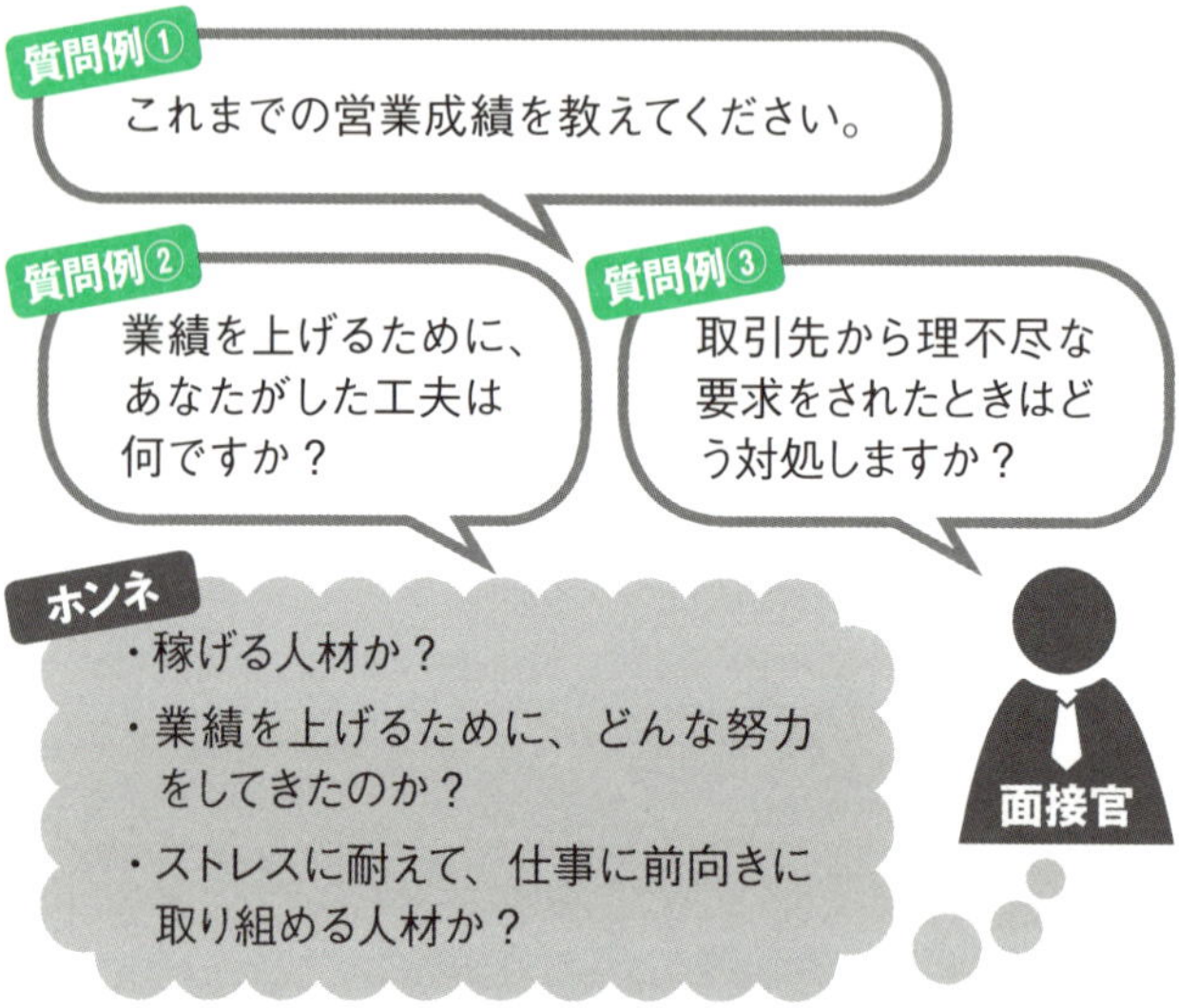
質問例①
これまでの営業成績を教えてください。
質問例②
業績を上げるために、あなたがした工夫は何ですか？
質問例③
取引先から理不尽な要求をされたときはどう対処しますか？
ホンネ
・稼げる人材か？
・業績を上げるために、どんな努力をしてきたのか？
・ストレスに耐えて、仕事に前向きに取り組める人材か？
面接官

「意欲」がキーワード

営業職の場合、とくに重視される力は「**活動意欲**」と「**達成意欲**」です。噛み砕いていえば、**結果を出すために自ら動こうとする気持ちと、目標をなんとしても達成しようとする意志です。**

上の質問は、その2つの意欲があるかを確かめるためのもの。応募者は面接官が理解しやすいようなるべく「数字」を絡め、ほかの営業部員の実績と比較しながら答えてください。また「自分なりの工夫」を加えれば、仕事に主体的に取り組む「心意気」を伝えられます。

質問①　これまでの営業成績を教えてください

■ 回答Before

①**目標売上はおおむね達成してきました。直近の実績は、前年比で104%ほど**になります。この実績を上げられたのは、②**地道な努力をお客様に認めていただけたため**だと思います。

ココが ×

①「達成した期間」を伝えていないので、売上を達成し続けてきたのかがわからない。

②「地道な努力」が抽象的。面接官がもっと聞きたくなるように、噛み砕いて答えたい。

■ 回答After

月間の目標売上は①**3年間のうち2か月を除き、達成**できました。直近の実績は前年比で104%ほどです。①**全社の実績もおおむね同じ**です。この実績を上げられた理由としましては、景気に助けられた月もありましたが、自分の行動でいえば、②**一つひとつの商談で顧客のニーズを掘り下げていき、次回お会いしたときには最適な商品を提案**する癖をつけていたからだと思っております。

ココが ○

①目標を達成した期間のわかる表現が◎。会社全体の実績も伝えると、面接官もわかりやすい。

②実際の行動として語られており意欲が伝わる。ただ多少抽象的なので、エピソードの準備も。

同じ職種でも求められる力は変わる

一言に営業職といっても、誰に売るのか（法人か個人か）、何を売るのか（商品が有形か無形か）、どう売るか（新規開拓かルートセールスか）によって、面接官が応募者に求める能力は異なります。たとえば形のないものを新規に売るなら、右ページで触れた意欲のほかに「客に商品を提案する力」も必要でしょう。このように企業によって差があるので、企業分析（→44〜49ページ）は念入りに。

質問② あなたがした工夫は？

■After

面接官：業績を上げるために、あなたはどんな工夫をしてきましたか？

応募者：お客様とウェブサイトの制作について商談するときは、電話だけですまさず、できる限り訪問するようにしていました。またそのときは「ニーズを聞く」というよりも「今どんな状況か」をヒアリングし、ニーズの「種」を探すことを習慣にしていました。❶**毎回90分はお時間をいただく**ので日程調整や意見のとりまとめは大変でしたが、じっくり話を聞くことで商談内容は濃くなりますし、結果的に❷**お客様から「話しながら自社の状況が整理できる」と、好評をいただいております**。

面接官：それを始めたきっかけは何かあったのですか？

応募者：大きかったのは、新しいお客様から「ハッとするような提案を期待している。それがないと安いところに替えるよ」とガツンといわれたことです。「ハッとする提案」を考えているうちに、お客様の状況を知ることで、潜在的に抱えているニーズを引き出すことが大事だと気付けました。

ココが○ 実績が上がっていなくてもアピールはできる！

たとえ実績がなくても、目標を達成するための工夫を示せればOK。このとき「何度も」「常日頃から」などのあいまいな言葉は使わず、数字を交え具体的に語ると説得力が増す(①)。売上が上がっていない場合は「お客様から評価された」という結果を示す(②)ことも大切。

質問③　理不尽な要求をされたらどうする？

■ After

面接官：取引先が「広告料を大幅に値引きしてくれ」と求めてきたら、どう対処しますか？

応募者：どんな理由であれ、まず「なぜ、そのご要望が出てきたのか」を探ろうとします。もし、単なる値引き交渉であれば、はっきり「難しい」とお伝えします。ただ一見理不尽のようでも、ご要望の背景にはなんらかの事情があることも多いので、まず根拠を教えていただき、そのうえでお互いにとってプラスとなる新しい道がないかを考えます。

面接官：これまでの仕事で、そのような経験はありましたか？

応募者：はい。❶**「値引きしてほしい」というご要望は日常的にあります**。最近でも長年お付き合いのあるお客様から値引きのご要望があったため、❷**理由をじっくりお聞きしたところ「宣伝効果が低くなっている」と不満を抱えておられていることがわかりました。そこで改めて販売戦略から練り直すことにし、値引きをせず引き続きお付き合いしていただけることになりました**。

ココが〇　苦しい場面を乗り越えた経験を語る

対人交渉の多い営業職は、ストレス耐性も重視される。理不尽な要望に対応してきたエピソード（①）などは◎。さらに客と話すなかで、課題点を発見し成果を上げた経験（②）まで語れればベスト。

販売・サービス職の場合

求められるのは〝エンタメ力〟

手持ちのノウハウを整理しておく

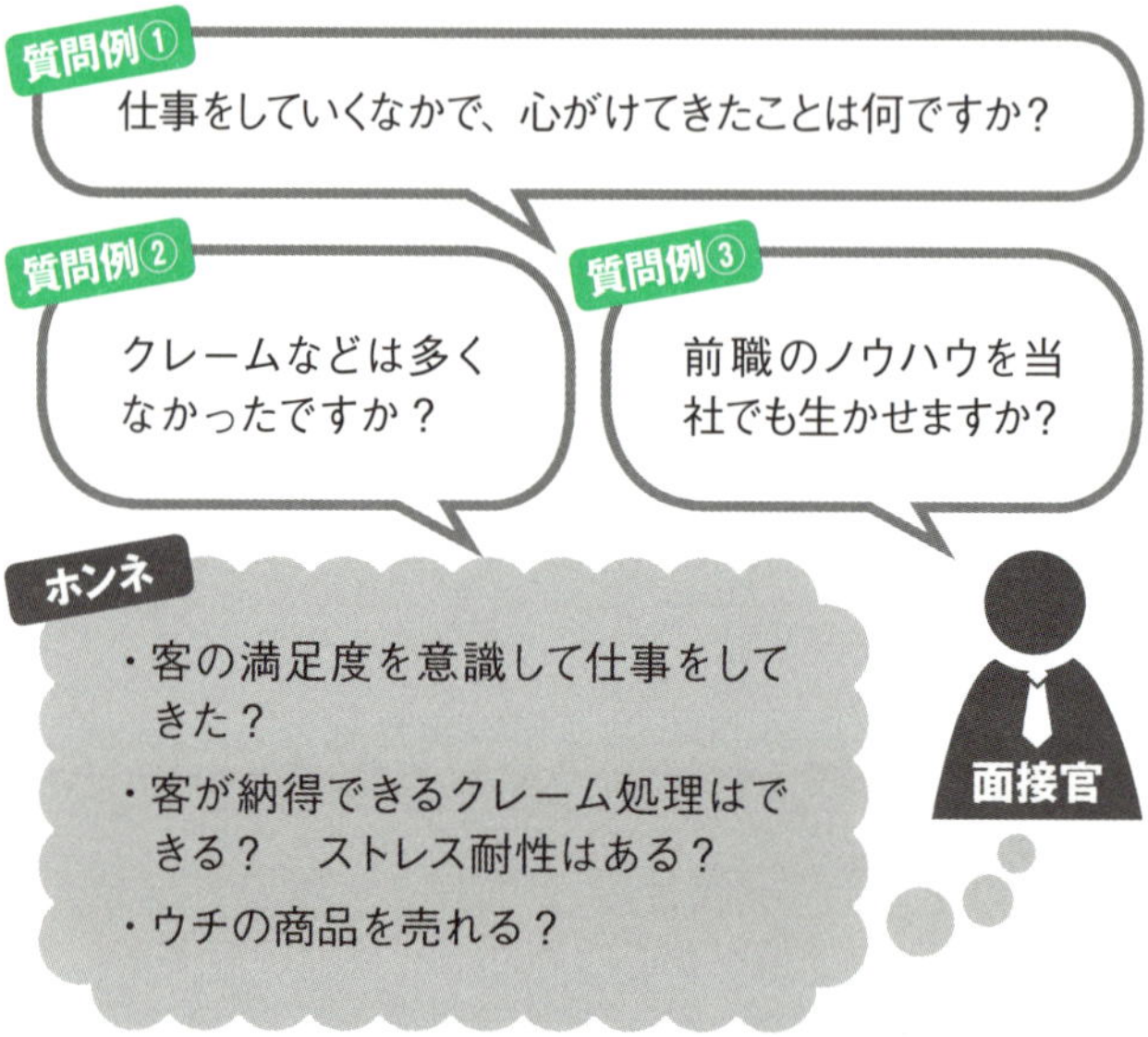
質問例①
仕事をしていくなかで、心がけてきたことは何ですか？
質問例②
クレームなどは多くなかったですか？
質問例③
前職のノウハウを当社でも生かせますか？
ホンネ
・客の満足度を意識して仕事をしてきた？
・客が納得できるクレーム処理はできる？　ストレス耐性はある？
・ウチの商品を売れる？
面接官

終始もてなしの心を意識

販売・サービス職では**「お客様を喜ばせたい」というエンタメ力が求められます。**すべての質問で見られていると肝に銘じ、客に喜ばれたエピソードなどを整理しておきましょう。**持っているノウハウ**もポイントなので、接客、クレーム処理など応募先でも生かせることを見つけておくとなお万全です。

また、販売職か店舗管理まで行う店長かなど、チェックされる箇所は職務によっても異なります。直接客と接するのであれば、**客層に合うかを必ず見られるので、第一印象や服装、話し方への意識も忘れずに。**

質問① 接客で心がけてきたことは何ですか？

■回答Before

お客様の立場で考え、快適な時間を過ごしていただけるよう心がけてきました。具体的には、①**まず声をかけて、お客様の様子を観察するようにしています**。

ココが ×

①「快適な時間を過ごしてもらいたい」という心がけはいいが、具体的な行動がありきたりで、ほかの応募者に差をつけるには不十分。

■回答After

お店に足を運んでいただき、買い物すること自体の楽しさを実感していただけることを心がけております。具体的には、何よりも商品知識を持つことが大事だと考えており、品物の知識だけでなく、①**生地の産地や特徴、デザインが生まれたストーリー**をお客様に伝えられるようにしています。最近では、②**肌の色と服の色の相性や、トータルコーディネートをご提案したいと思い、色彩学を勉強**しているところです。

ココが ○

①同業他社に転職する場合は、その知識を転職先でも生かせるのでアピールにつながる。

②①と同様、他社でも生かせる知識。また客をもてなすための主体的な行動を示せており◎。

採用担当のホンネ

実演を求められることも

「私を客と見立てて、この万年筆を売り込んでくれますか？」――販売職の面接では、こんな質問をすることもあります。これは基本的なスタンスをチェックするため。「この万年筆は…」と商品の説明から入るのか、「普段、手紙とか書かれますか？」と客の情報を引き出そうとするのか。店の特性とかかわるところなので、事前に店舗を訪れて、売り方をチェックしておくぐらいの下調べはしてほしいですね。

質問② クレームはどう処理してきましたか？

■After

面接官：これまでのファストフード店の店長としてのお仕事では、クレームは多くなかったですか？

応募者：件数は控えさせていただきますが、幸い私の担当している店舗ではクレームは少ないほうだと思います。

面接官：さしつかえなければ、どんなクレームがあったか教えていただけますか？

応募者：はい。ほとんどのケースがトイレの詰まりなど設備の不備でした。アンケートでは接客態度へのご指摘もありました。

面接官：クレームは活用されていましたか？

応募者：はい。まず始業時のミーティングで、チーフから前日のクレームを報告してもらい、その原因と対処方法を共有するようにしています。それからミーティングに出られないアルバイトスタッフにも徹底するため、❶**報告されたクレームとその原因、対処法は1か所にまとめておき、店舗に出る前に閲覧・チェック**させてきました。ただ、❷**クレーム処理の確認ばかりではモチベーションが下がるので、お客様からお褒めいただいたことも同時に共有**してきました。

ココが○　店舗管理者には「ノウハウ」「育成力」も求める

消費者に接する販売・サービス職は、クレームを適切に処理していくタフさも求められる。とくに店舗管理まで行う求人の場合、クレームを業務に生かしていくノウハウを答えられる準備(①)を。また、スタッフを育成する力(②)もPRしたいところ。

質問③　経験は生かせますか？

■ After

面接官：前職のノウハウで当社でも生かせるものはありますか？

応募者：はい。２つのノウハウが生かせると考えております。一つは、御社と同じ客層の方への接客です。今働いている洋菓子店では、①**リピーターは若い女性のお客様が多く、楽しく日常の話をしながら接客しており、そのノウハウは生かせる**と考えております。２つ目は、②**ノウハウとはいえないかもしれませんが「好奇心」や「探究心」も生かせる**と思っております。

面接官：具体的に教えていただけますか？

応募者：私は③**扱っている洋菓子の名前や由来、材料となる卵や粉の種類などを調べ尽くしました**。楽しくてやっているのですが、お客様に「ダイアナ元妃が大好きだったお菓子なんですよ」と一言伝えるだけでとても喜んでいただけました。御社で扱っているアロマやリラックス関連商品は、薬効成分や効能などの商品知識が求められると思います。御社の商品は洋菓子同様、興味のある分野なので「好き」を生かしてお店で一番詳しくなれるよう頑張れます。

ココが○　「ノウハウ」という言葉にとらわれなくていい

扱っている商品が違っても、売り方や客層が共通していればPRできる(①)。また「ノウハウ」という言葉にとらわれず、生かせる能力は積極的に伝えていこう(②)。その場合、抽象的な言葉ではなく、エピソードで語るのが鉄則(③)。

企画・マーケティング職の場合

アイデアを持ち込むつもりで

専門度が高いので「CAN《何ができるか》」は重視される

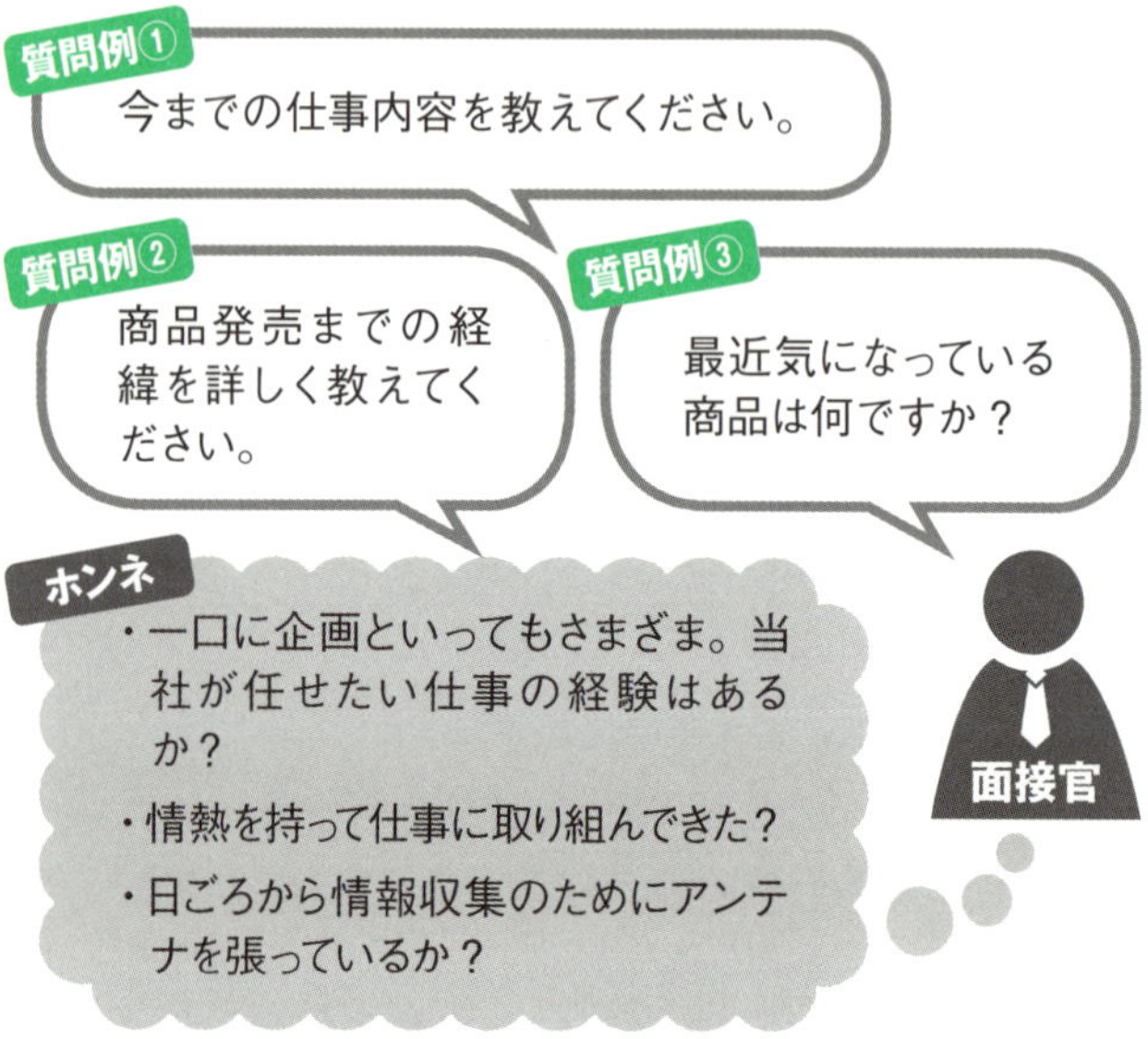
質問例①
今までの仕事内容を教えてください。
質問例②
商品発売までの経緯を詳しく教えてください。
質問例③
最近気になっている商品は何ですか？
面接官
ホンネ
・一口に企画といってもさまざま。当社が任せたい仕事の経験はあるか？
・情熱を持って仕事に取り組んできた？
・日ごろから情報収集のためにアンテナを張っているか？

経験と情熱がモノをいう

企画・マーケティング職に必要とされるものは「**実績**」と「**熱意**」です。

この職種は、商品企画型から市場調査型まで幅広いもの。面接官は「**自分が任せたい仕事の経験があるか」をチェックする**ため、どんな仕事をしてきたかを詳しく確認します。

また「**なんとしてもこの商品を売りたい」といった情熱を持って仕事に取り組んできたか、普段から最新の情報を収集する意欲・習慣があるか**なども見ます。応募先でやってみたいこと（企画）を考えておくことで、意欲や実力をPRすることもできます。

質問① 今までの仕事内容を教えてください

■回答Before

クライアント企業の販促企画を担当しています。❶**クライアントの多くは飲料や食品のメーカー**です。❷**商品企画、販促計画の立案、媒体の選定、販促ツールの作成など業務全般**にかかわっており、企画を決めるミーティングで提案してきました。

ココが ×

①会社のクライアントなのか、応募者自身が担当していたクライアントなのか不明確。

②「業務全般」では説明不足。具体的にどんな役割を担ってきたのかを伝えよう。

■回答After

クライアント企業の商品を消費者に広く知ってもらい、購入につなげるための企画全般にかかわっており、❶**私は主に飲料や食品メーカーを担当**していました。具体的には量販店向けの販促で、❷**店舗に置く販促物の企画から量販店の販売員向けのマニュアル作成やブロガー向けのプロモーションなど**を受け持ちました。企画を決めるミーティングにはすべて参加し、全体の進行を把握しながら提案してきました。

ココが ○

①応募者自身がかかわってきたクライアントがわかる。

②担当してきた仕事の内容を具体的に語れており、面接官がイメージしやすい。

細井流！
チェックポイント

バランス感覚も重視する

近年、企画・マーケティング職の面接で企業側が気にしているのは、応募者が「ユーザビリティ(使いやすさ)」を意識できているかどうか。たとえば、「デザインに偏りすぎて使いにくい」といったケースは、使う人のことまで考えていない最たるもの。自らの感性と客の声をうまく取り入れられる、バランス感覚のある人材が求められる傾向があります。

質問② 商品発売までのプロセスは？

■After

面接官：**製品が発売されるまでのあなたの取組みについて、具体的にお聞かせください。**

応募者：3年前に携わった「水出し煎茶《せんちゃ》」のプロジェクトについてお話しさせていただきます。このプロジェクトでは、初めて主担当として全体のディレクションを任されました。市場調査から店頭でのデモンストレーションまで、全般にかかわることができて、自分にとってとても感慨深いプロジェクトでした。

とくに印象深いのは「すっきりした飲み味をパッケージや広告にどう表現するか」をデータに依存することなく考えたことです。❶**クリエイターの人たちと、飲料から便秘薬まで、あらゆるすっきり系の素材を集めて、夜通しディスカッション**して詰めていったのは、今思い出しても楽しい経験です。

また❷**静岡でテスト販売した際には、街頭でお客様に試供品を飲んでいただき、意見を直接聞くこともできました**。無事にヒットしたときはもちろん嬉しかったのですが、かかわったプロセスすべてでいい思い出をたくさん作れました。

ココが○　エピソードは語りすぎてもかまわない

当事者として真剣にかかわってきた仕事には、印象深い出来事が山のようにあるもの(①②)。苦労話や楽しい思い出がどんどん浮かんできて、きりがないくらいになっても大丈夫。生き生きと語れば、仕事に対する情熱や意欲が面接官に伝わる。

質問③　最近気になっている商品は？

■ After

面接官：あなたが最近気になっている商品は何かありますか？

応募者：はい。機能的な衣服や防災時に役立つ生活関連商品に注目しています。

面接官：具体的にはどのようなものですか？

応募者：たとえば❶**○○社が△月から発売を予定している扇子**です。これはアロマを埋め込んだ最先端の生地と、カーボン素材の軽い扇骨《おうぎぼね》で作られており、あおぐだけで気持ちがやすらぐ作りになっているようです。

以前から、防寒、通気、体温調節、防臭、矯正、シェイプアップなど、プラスアルファの機能を持ったアンダーウエアや衣料には興味があったのですが、震災のあと電力事情や人の価値観などが変わったことで、私自身も仕事で企画したい商品の方向性も少し変わってきています。

今は❷**懐古的でありながらも最先端の技術を取り込んだ機能性の高い商品にとても興味があり、自分でも企画に取り組んでみたい**と考えています。

ココが○　「自分がかかわりたい商品」をイメージ

誰もが知っているような商品ではなく、発売前の商品、隠れた人気商品に注目していることで、情報収集力をアピールできる(①)。なお、このような質問には「自分ならどんな商品を手がけてみたいか」をイメージして答えるのがポイント(②)。

クリエイティブ職の場合

ビジネスセンスが評価の分かれ目

まずは〝作品〟で評価されるが…

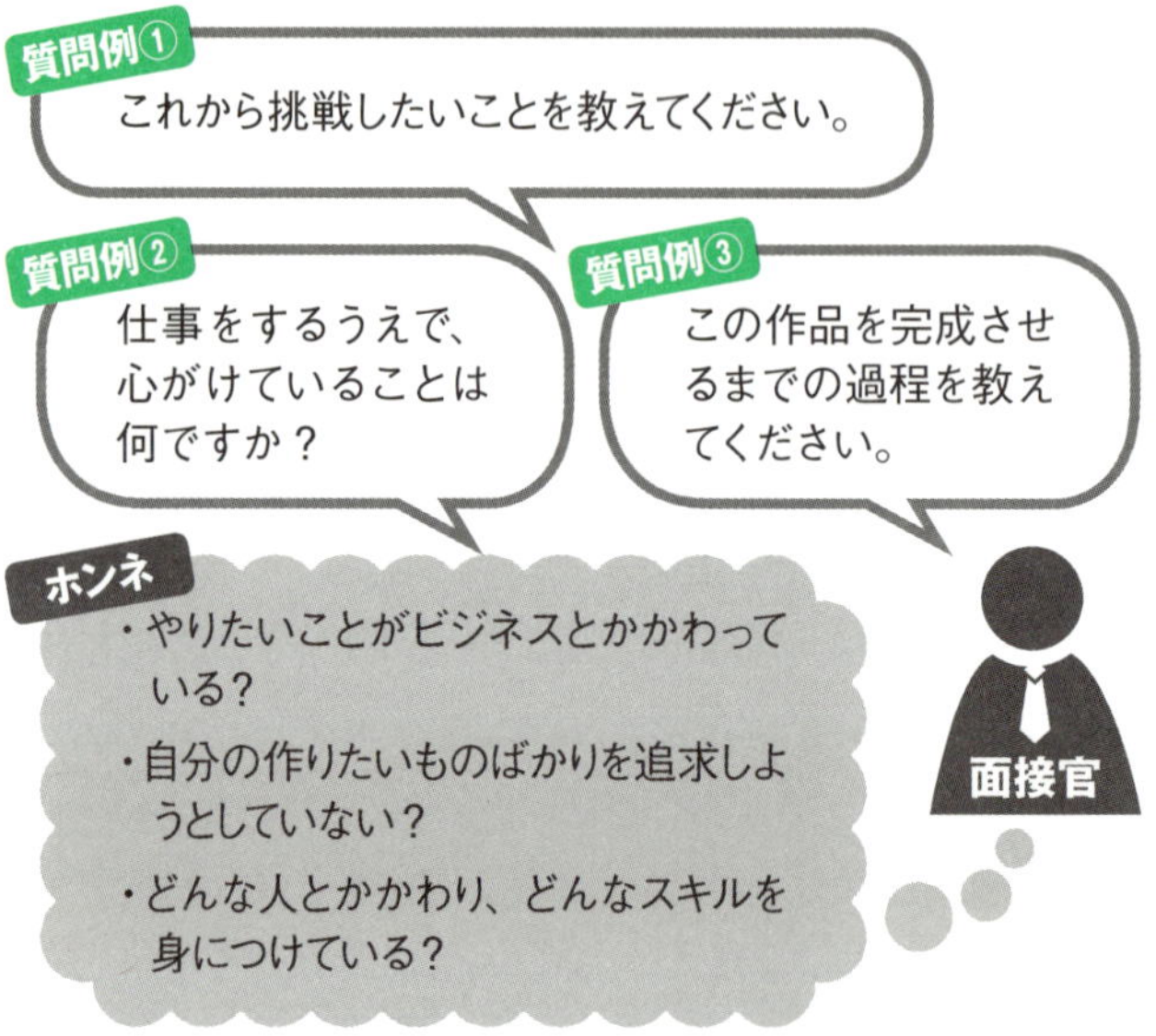

質問例①
これから挑戦したいことを教えてください。
質問例②
仕事をするうえで、心がけていることは何ですか？
質問例③
この作品を完成させるまでの過程を教えてください。
ホンネ
・やりたいことがビジネスとかかわっている？
・自分の作りたいものばかりを追求しようとしていない？
・どんな人とかかわり、どんなスキルを身につけている？
面接官

〝人とのかかわり〟も見られる

デザイナー、コピーライターなどクリエイティブ職は専門性の高い仕事。面接でも基本的には、これまでに手がけた作品が評価対象になり、それに沿って質問されます。

そのうえでチェックされるのが**「ビジネスセンス」の有無**。「クリエイターといえどもアーティストではない」という自覚があるかが見られます。また、一作品の完成までのプロセスを聞くことで、どんな人と仕事をしてきたか、どんな役割を果たしたか、どんな作業を行ったかなどを確認。さらに、その経験で**何を学んだか**もチェックされます。

質問①　これからやりたいことを教えてください

■ 回答Before

つねに最先端の技術を身につける努力を怠らず、①**最高のクオリティのものを制作したい**と考えております。

ココが ×

①この言葉だけだと「自己満足のために作りたいのでは？」と疑われかねない。「クライアントのため」の一言を加えると印象が変わる。

■ 回答After

ウェブクリエイトの最新技術を取り入れながら、①**クライアントの期待を超えるような成果物を一つでも多く生み出したい**と考えております。これまでもやってきたことですが、よりよいものを作るために、先方にデザインを提案するときには必ず、先方の要望に忠実なデザインと、こちらとしてお薦めのデザインを示したいと考えています。そして単純に取捨選択してもらうのではなく、それをたたき台に②**意見を掘り下げてニーズの本質にたどりつきたい**と思っています。

ココが ○

①「クライアントの期待」の言葉から、制作をビジネスととらえていることがわかる。

②「他者とかかわりながら、いいものを作りたい」という意欲は好印象。

作品の〝効果〟を知りたい

応募者にビジネスセンスがあるかどうかを確かめるために、面接官は「この成果物の効果はどうでしたか？」と聞くことがあります。「作るまでが仕事」ではなく、その効果をつかんでいるかをチェックしているのです。そのため制作過程だけでなく、その効果（結果）や、そこから何を学び、次の仕事にどう生かしているのかまで語れるようにしておいてください。

質問② 仕事で心がけていることは？

■ After

面接官：仕事をするうえで、普段から心がけていることがあれば教えてください。

応募者：はい。単にデザインを提供するだけでなく、①**クライアントの過去の成果物を精査することで、今ある「課題」を見つけ出し、その解決策を提案する**よう心がけています。

面接官：具体的にはどんなことをされているのですか？

応募者：どんな案件でもほぼ次のような手順で進めるようにしています。まず、その②**会社の過去何年かの成果物をお預かりし、当時それらがどんな思いと目的のもとに作られてきたのかをひもといていきます**。そして抽出されたこれまでの「思い」と「目的」をクライアントにぶつけて、今回は「何を残して」「何を変えるか」を一緒に話し合います。

話し合いの目的はクライアントの要望の根幹にある課題を引き出すことです。先方に「残すこと」と「変えること」を深く考えていただくと、「課題」が具体的に浮かんでくるのです。そこでその課題を解決できるデザインを考え提案してきました。

ココが〇 「自分のセンスを追求」だけでは危険

企業に所属してデザインやコピーなどを作る場合、これまでの経験でビジネスセンスを培ってきたエピソードを語る（①②）のがポイント。面接官がイメージしやすいよう、やってきたことを細かく整理しておこう。

質問③　作品を完成させるまでの過程は？

■After

面接官：制作物を仕上げるまでのプロセスを教えてください。

応募者：現職では、クライアントから制作受注が入ると2人から5人でプロジェクトチームを結成します。このチームで、制作物を作り上げていきます。

面接官：チームはどんな人で構成されるのですか？

応募者：多くの場合、プロデューサー兼ディレクター、ウェブデザイナー、サポートデザイナーの3人です。案件の大きさによってデザイナーは増減します。メンバーはプロデューサーが決めるので、デザイナーは❶**自分の得意分野を作り、案件が入ったときにはプロデューサーから指名されるよう強みをPRします**。

面接官：打ち合わせにはプロデューサーだけが参加するのでしょうか？

応募者：いえ、デザイナーもクライアントとの初期の打ち合わせから納品フォローまでかかわり、モニターユーザーへのインタビューに参加することもあります。❷**一つの案件で名刺が一箱はなくなることもあるので、50人くらいの方とかかわっている**と思います。

ココが〇　プロセスで「成長」をPR

クリエイターとはいえ企業で働く以上、人とのかかわりで成長してきたことをアピールするのも重要。同僚と切磋琢磨して技術を磨いてきたこと（①）や、人とかかわる力も鍛えていること（②）をアピールできればベスト。

事務職の場合

〝ホスピタリティ〟で差をつける

柔軟さと気働きも期待される

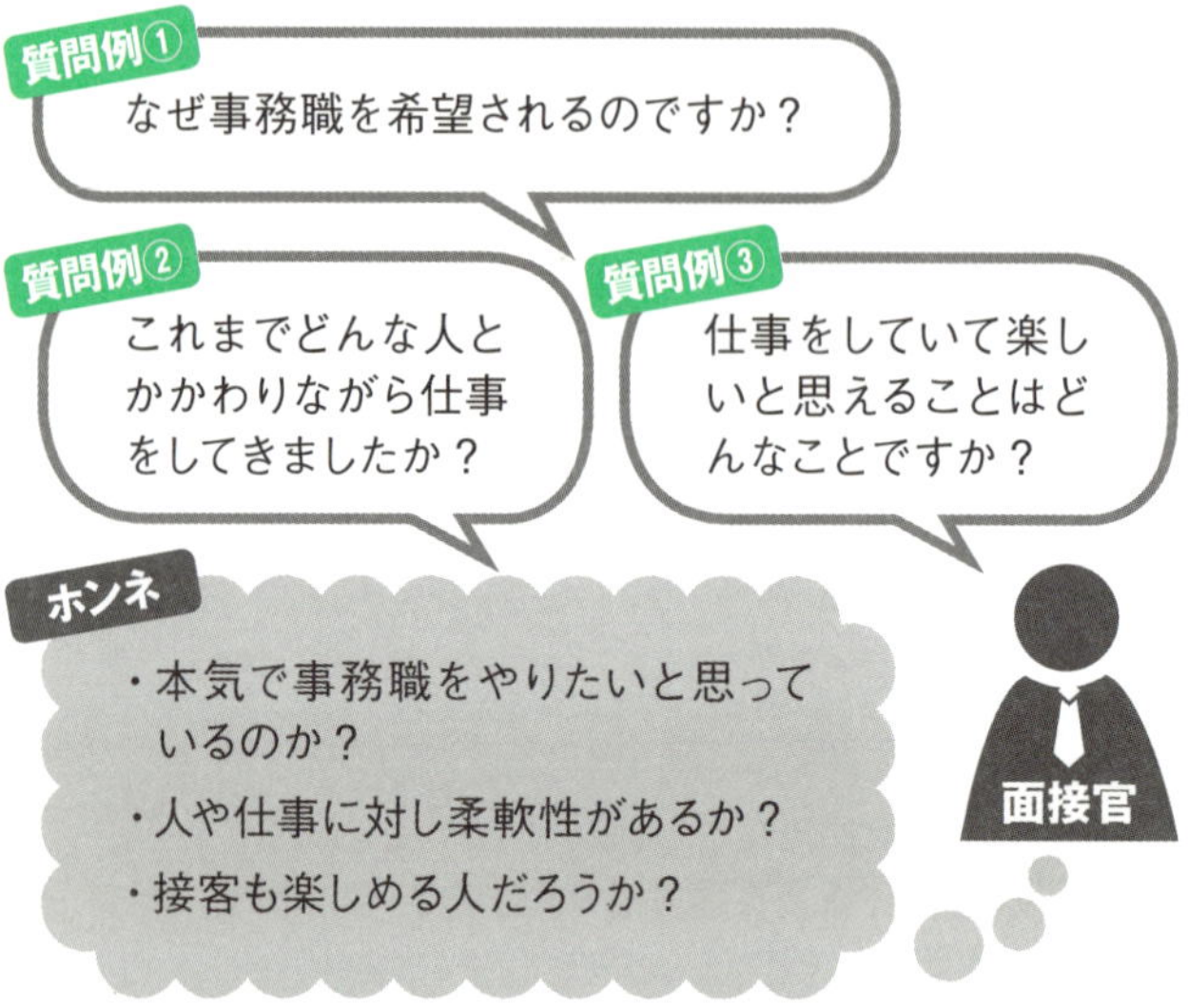
質問例①
なぜ事務職を希望されるのですか？
質問例②
これまでどんな人とかかわりながら仕事をしてきましたか？
質問例③
仕事をしていて楽しいと思えることはどんなことですか？
ホンネ
・本気で事務職をやりたいと思っているのか？
・人や仕事に対し柔軟性があるか？
・接客も楽しめる人だろうか？
面接官

あえて事務職である理由を

事務職の場合、面接官が気にするのは**「事務」の仕事に対して思い入れがあるか**です。

なぜかというと、ハードな仕事に疲れた人が「逃げ道」として事務職を選ぶケースが多いから。そういう人よりは、本気で事務職をやりたがっている人を採用したいのです。

そのうえで、**任された仕事を柔軟にこなしていく力と、細かいところに気がつく〝気働き（ホスピタリティ）〟が求められます。**

メインの事務処理作業以外でも、電話応対、接客などで心がけていることがあればPRしましょう。

質問　なぜ事務職を希望されるのですか?

■ After

面接官：事務職を志望された理由は何ですか?

応募者：前の会社に入社するときにも事務職を希望したのですが、配属が営業となりそのまま3年間働かせていただきました。その間何度か目標を達成したため、実績を評価されて営業所の異動を打診されました。しかし正直申し上げて、①**入社以来ずっと「自分は営業よりもそれをサポートするほうが向いている」と思ってきました**。営業の仕事は思っていた以上に楽しく、「会社の期待に応えたい」気持ちもあって続けてきたのですが、今回の打診を受け入れればもっと大きなマーケットで、おそらくずっと営業を続けることになります。そのことに不安と違和感を覚えるようになり、思い切って念願のサポート役にまわろうと転職を決意しました。

②**これまで営業を続けられたのは「期待に応えたい」「頼られる存在になりたい」という思いが心のよりどころになっていたから**です。これからはサポート役として、期待に応えていきたいと考えております。

ココが○　事務職への「意欲」をまず伝える

「事務職をやりたい」との思いをどう伝えるかがポイント(①)。また「柔軟に対応する力」や「ホスピタリティ」を具体的に話せるよう、エピソードを整理しておこう。細かな作業も笑顔でやってくれそうな人間像をPR(②)できればなおよい。

人事・総務職の場合

経営的な視点がカギ

大企業では高い専門性、中小企業では幅広い知識も

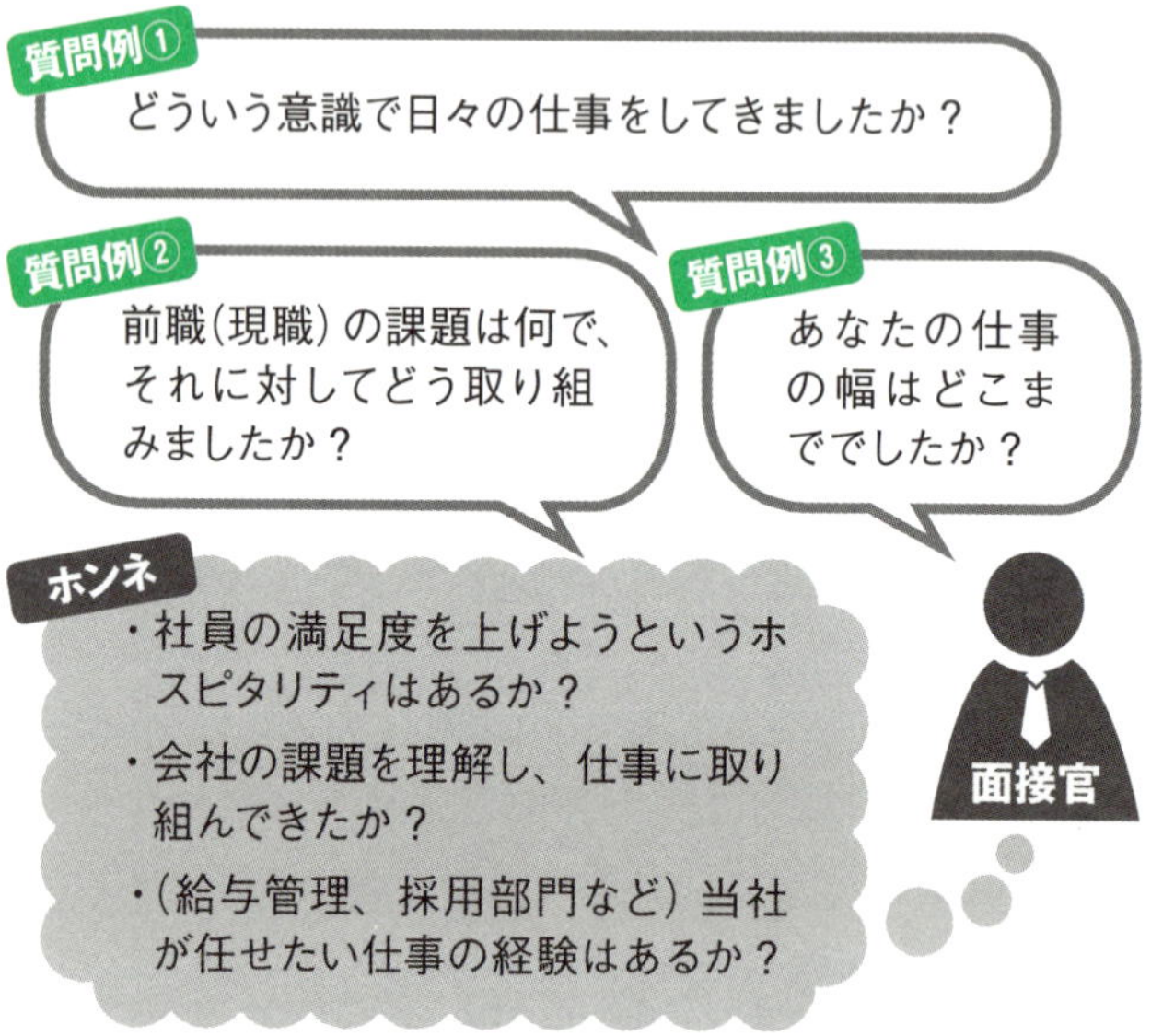
質問例①
どういう意識で日々の仕事をしてきましたか？
質問例②
前職（現職）の課題は何で、それに対してどう取り組みましたか？
質問例③
あなたの仕事の幅はどこまででしたか？
ホンネ
・社員の満足度を上げようというホスピタリティはあるか？
・会社の課題を理解し、仕事に取り組んできたか？
・（給与管理、採用部門など）当社が任せたい仕事の経験はあるか？
面接官

企業の規模や成熟度によって違いも

人事・総務職の場合、実務レベルでは事務職同様**「ホスピタリティ」を持った人材が求められます**。さらに幹部候補となれば企業全体の運営にかかわるので、**経営方針を的確に把握し、行動していく力**も必要です。

気にしてほしいのは、企業の規模や成熟度によって、求められる力が変わること。大きい企業であれば職務が細分化されているのでピンポイントの経験値が重視されます。一方、小規模の企業は人事も総務も同じ部署が担当していることが多いので、さまざまな業務に柔軟に対応できる力が求められるのです。

質問　どういう意識で仕事をしてきましたか？

After

面接官：とくに気を配っていたことは何ですか？

応募者：直近では①**「従業員の働きやすさ」と「コスト削減」の両立**を意識してきました。現在の職場は「稼いだだけ給料が上がる」というインセンティブ制度を採用し、営業主体の事業で拡大してきました。しかし半年ほど前に、これまでの拡大路線から継続的に維持・発展させる段階へと会社の事業環境が変わりました。このため成果主義だけに依存せず、従業員がやりがいを持って働けるよう制度作りに取り組んでいます。

面接官：具体的にどんな取組みをされているのですか？

応募者：一例ですが、結果だけでなく②**プロセスに焦点を当てる「グッドジョブ賞」制度を企画し実行しています**。会社の改善のために行っている取組みを、営業部に限らず提出してもらい、それを全社員で共有・審査し、表彰するというものです。始めてから3か月になりますが息切れせずに定着しそうです。

ココが○　経営的な視点と熱い志も

まず経営にかかわる仕事のため、経営的な視点を持っているか（①）は必ずチェックされるポイント。また、日々の実務に追われがちな職種だが、仕事に対する熱い志があるかも重視される。志を実現させたエピソード（②）を話せるよう準備しておこう。

経理職の場合

実務経験が何より大事

一定の年齢以上になれば、多角的な視点も

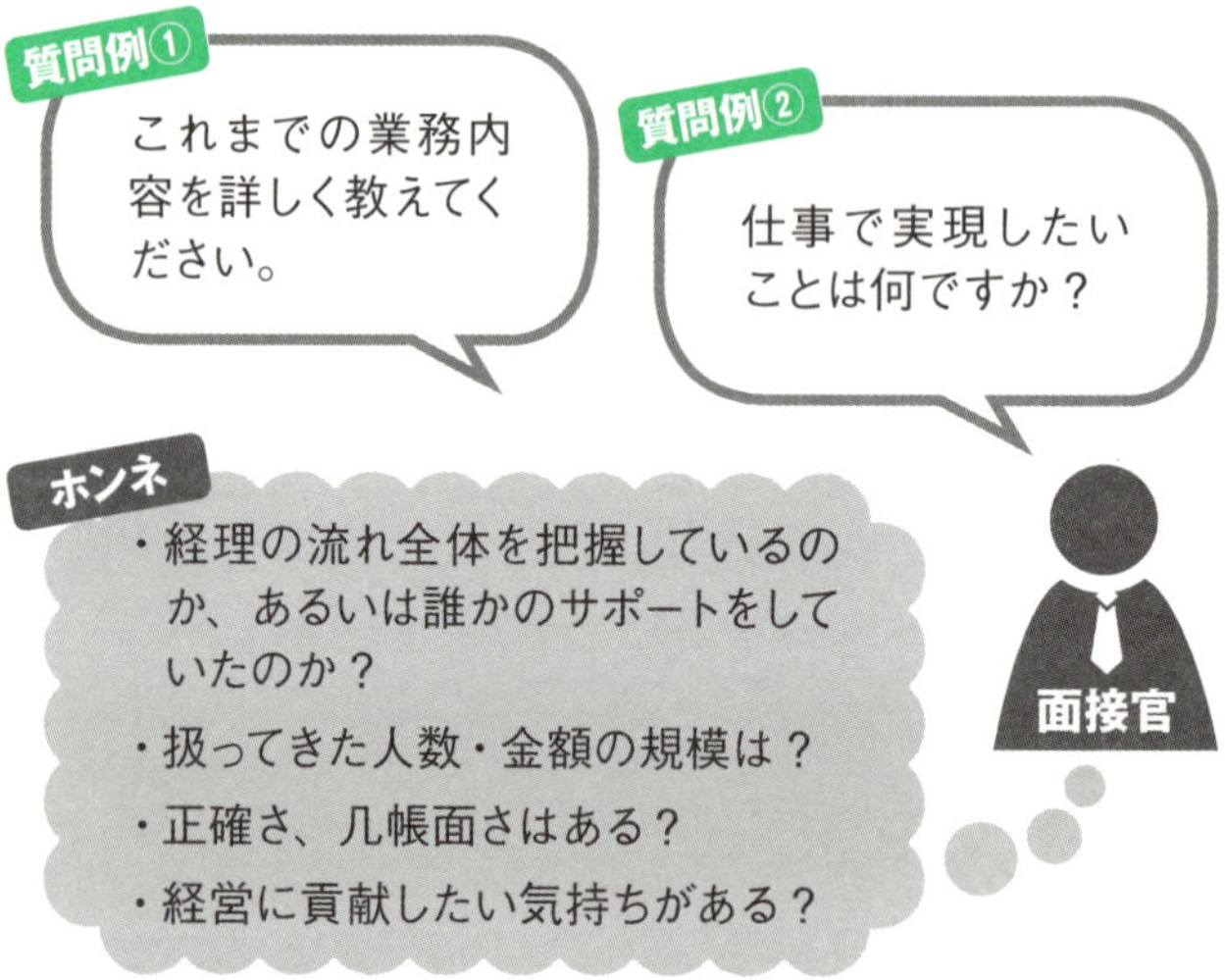

質問例①
これまでの業務内容を詳しく教えてください。
質問例②
仕事で実現したいことは何ですか？
ホンネ
・経理の流れ全体を把握しているのか、あるいは誰かのサポートをしていたのか？
・扱ってきた人数・金額の規模は？
・正確さ、几帳面さはある？
・経営に貢献したい気持ちがある？
面接官

キャリアを詳細に掘り下げる

経理職は、何よりもまず**「実務経験」が問われます**。それから30代以上になると「無駄を減らして利益を上げる」などの**「経営的な視点」も求められます**。

経理の仕事は専門性が高く、たいてい「○人規模の会社で管理会計を△年やった人」とかなり具体的な実務経験を求められます。面接でも**「何をどこまでしてきたか」を細かく問われる**ので、自分のキャリアをしっかり話せるよう準備しておきましょう。

また、企業の金庫番を任せるわけですから、**正確さや几帳面さもチェックされます**。

質問　どういうことを実現したい？

■ After

面接官：今後仕事で実現したいことはありますか？

応募者：はい。まずはもっと幅広く、できれば①**経理全般の実務経験を積んでいきたい**と考えています。そのうえで、②**ゆくゆくは事業企画や経営方針に助言することで会社の収益向上に貢献できるようになりたい**と考えております。

面接官：これまでの職場でも、経理の仕事に携われてきたんですよね？

応募者：はい。前職場では主に財務データの集積や事業の損益計算に携わってきました。ただ担当業務が細分化されており、経理全体を通した業務に携われることはありませんでした。私は以前、先輩から「財務経理は会社の経営の根幹を支えている」と教えられ、その意識で仕事に取り組んできました。
今後は、より「経営」に近い立場で会社を支えられる存在になりたいとも考えています。そのためには財務全体を経験することが必要だと考え、転職を決意しました。

ココが〇　会社は単なる「学び舎《や》」ではない

経理職の応募者は、これから成しとげたいこととして、自らのスキル向上、つまり「インプット」（①）のみを答えてしまいがち。会社はスキルの養成学校ではないので、経験を積んだうえで出したい成果、つまり「アウトプット」（②）を語れるように。

技術職の場合

〝技術力〟そして〝調整力〟が見られる

粘り強く〝すり合わせる力〟も

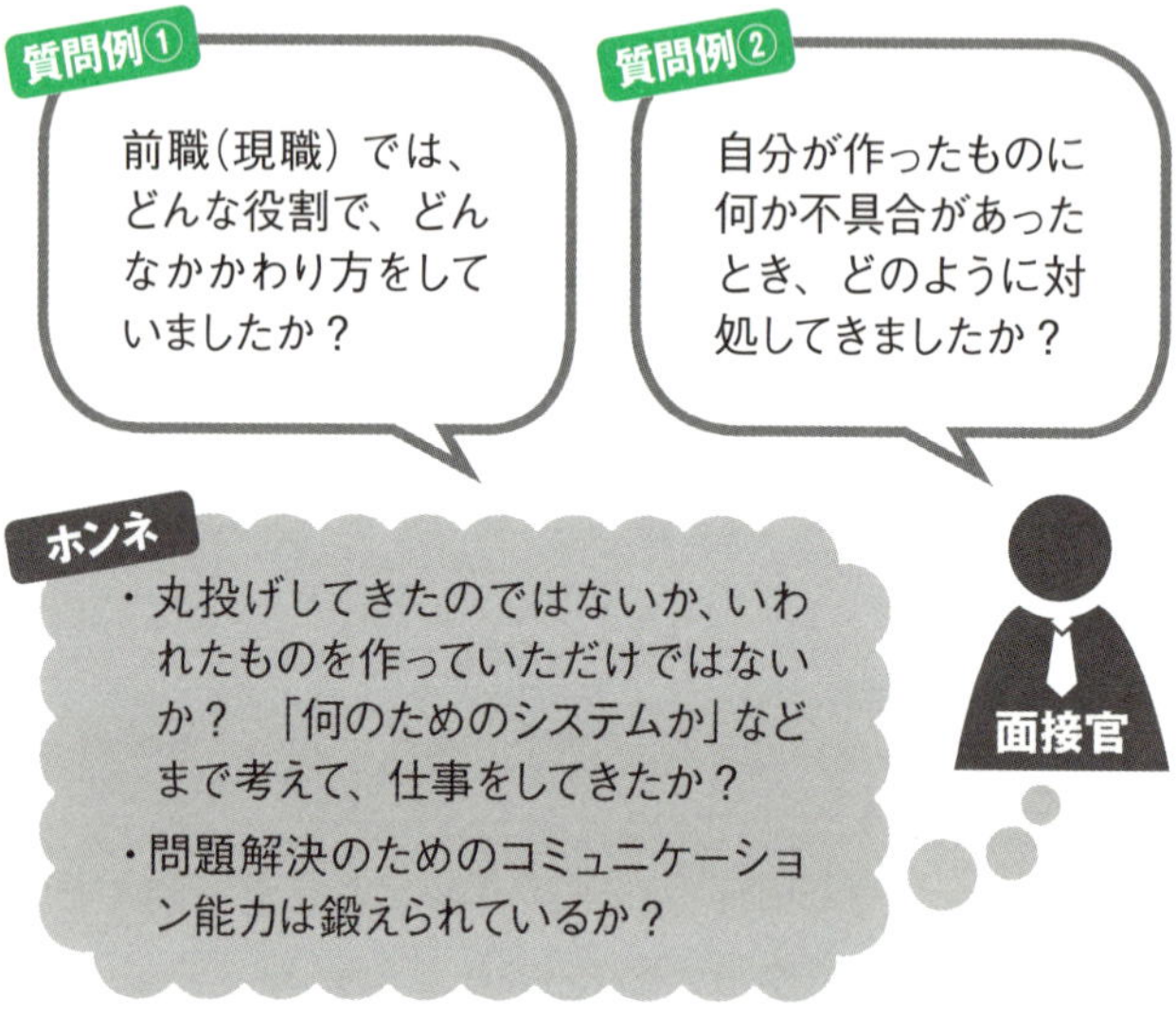

質問例①
前職（現職）では、どんな役割で、どんなかかわり方をしていましたか？
質問例②
自分が作ったものに何か不具合があったとき、どのように対処してきましたか？
ホンネ
・丸投げしてきたのではないか、いわれたものを作っていただけではないか？　「何のためのシステムか」などまで考えて、仕事をしてきたか？
・問題解決のためのコミュニケーション能力は鍛えられているか？
面接官

経験についての質問が大半

技術職では、まず**求めている技術に即した経験（実務経験）があるかが問われます。**質問も「どのようなものを、どのような人と作りながら」「あなたはどんな役割を担ってきたか」のように、これまでの経験を詳しく聞くものがほとんど。やってきたことを筋道立てて話せるよう準備しておいてください。

また、技術職は機械を相手にしているだけではなく、営業や管理部門との調整も業務の一つ。そのため**粘り強くコミュニケーションを図り、意見を「すり合わせる力（対人調整力）」が求められます。**

質問　仕事での役割、かかわり方は？

■After

面接官：これまでの業務内容を教えていただけますか？

応募者：はい。自動車メーカーの○○社向けに電装品を製造する会社で、主に①**スピードメーターの製造・開発を担当**しておりました。

面接官：具体的にはどんな役割で、どんなかかわり方をしてきたのでしょう？

応募者：会社としては乗用車からクレーン車までさまざまな車種の電装品を扱っていますが、そのなかで私は②**○○社と共同開発しているトラックの純正スピードメーターを開発するチームのリーダーという立場**でした。

チームに所属して5年になりますが、リーダーになる前の約3年間は技術者としてとにかく高品質・高性能の製品を作ることに尽力してきました。

2年前にリーダーになってからは、③**週に一度は○○社や素材メーカーの担当者と顔を合わせ、スケジュールやコストの調整**をしています。また開発チームのメンバーとの打ち合わせを取り仕切っておりました。

ココが○　"技術"だけでは物足りない

技術者はまず、今まで「何をしてきたか」を整理して話せるようにすべき（①②）。しかし、それだけではライバルと差がつかないことも。技術職の応募者は、自分の「技術力」ばかりをアピールしがちだが、外部の人とコミュニケーションを図る力も大切。日常的にその力を鍛えていたエピソード（③）があれば◎。

コンサルティング職の場合

課題を発見し、解決する力を示す

クライアント企業を動かすにはパッションが必須

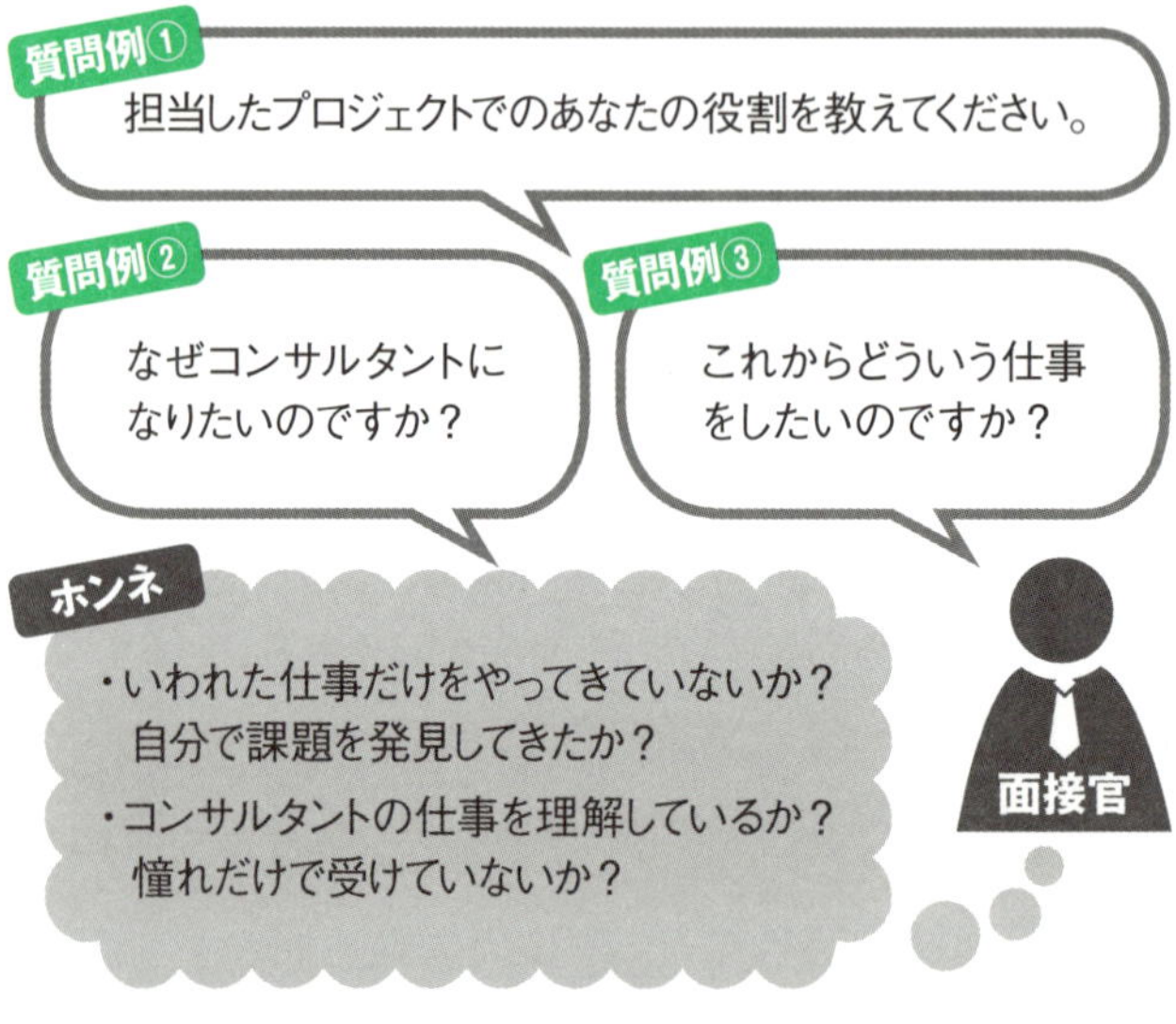
質問例①
担当したプロジェクトでのあなたの役割を教えてください。
質問例②
なぜコンサルタントになりたいのですか？
質問例③
これからどういう仕事をしたいのですか？
ホンネ
・いわれた仕事だけをやってきていないか？自分で課題を発見してきたか？
・コンサルタントの仕事を理解しているか？憧れだけで受けていないか？
面接官

課題を見つけ、顧客を説得

コンサルティング職では、**ロジック（物ごとを論理的に考えられるか）と、パッション（情熱があるか）がチェックされます。**

ロジックは、顧客の企業が抱える課題を見つけるために必要で、その課題をどうすれば解決できるか考え、実行可能なプランに落とし込んでいくためにも必須となります。

意外と思われるのがパッション。コンサルタントには課題の解決法を企業に説得する仕事もあります。部外者であるコンサルタントが会社社長に経営戦略を解くケースもあり、納得させるには相当の情熱がいるのです。

質問① 担当したプロジェクトでの役割は？

■After

面接官：これまで担当したプロジェクトでのあなたの役割を教えてください。

応募者：はい。3年前から❶**約2年を要したプロジェクトで、全国80店舗を展開する大手衣料会社の社内ITシステムの変更を担当**しました。

面接官：詳しく教えていただけますか？

応募者：はい。❷**主な目的はSNSや携帯での通販に対応したビジネスモデルの再構築と、そのモデルに合わせてITシステムを構築**するもので、私を含めた❸**コンサルタントとクライアント、協力会社、システム開発会社などから常時10人ほどがかかわっていました**。そのなかで私自身は❹**メンバーズカードのリニューアルとポイントの電子化導入の分野でリーダー**を担いました。当初、顧客の担当者が出してきた課題に疑問を感じたので、その担当者に了解を得たうえで、❺**全国80店舗をまわって現場の意見を直接聞きました。現場の考えを知ることで新たな課題が浮かび上がり**、結果的には反発していた担当者に理解していただき、また現場の協力も得られて、課題を解決することができました。

ココが○ 「やってきたこと」を端的に

まず、プロジェクト全体の概要(①)、目的(②)やスケール(③)を伝えたうえで、自分のかかわり方の概要(④)を論理立てて話すのがポイント。「決められたことを実行した」内容にとどまらず、自分が働きかけて課題を見つけたこと(⑤)や、課題を解決するために自らが働きかけたことを話せるようにしておきたい。

Column
細井が見た!
面接の“生”現場

〝素敵な笑顔〟は確かに強い。でもそれだけに頼ると…

第一印象は「笑顔がとてもかわいいな」。聞けば保育園のスタッフの方（Aさん）で、保険会社の営業職への転職にチャレンジするとのことでした。保険会社は第一印象のよい人を非常に好みます。だから「この人の笑顔は強力な武器になる」と思いました。

しかし話してみると雲行きがあやしくなっていきます。

細井「あなたの強みは何ですか？」
Aさん「はい。コミュニケーション能力です（笑顔）」
細井「なぜ保険の仕事をしたいのですか？」
Aさん「はい。いろんな人を安心させたいのです（笑顔）」
細井「営業の仕事についてどう思いますか？」
Aさん「はい。コミュニケーション力を生かして頑張りたいと思います（笑顔）」

すべてがこの調子。相手の様子に関係なく、ただただ笑顔で押し切ろうとする。話し相手からすれば、ときとして傲慢《ごうまん》にすら感じるほど一本調子なのです。

確かに笑顔は大事です。とくにAさんの笑顔は自然で、本当に素敵。しかし**相手が真剣に質問しているときには、真面目な顔で真剣に答えたほうが印象はよい**ものです。それに、意識して笑顔を作ると不自然に見られるうえ「ヘラヘラしている」と悪い印象を持たれる危険もあります。

笑顔の素敵な人は、笑顔の苦手な人より何倍も成功に近い。どうぞ自信を持ってください。

ただ、それだけでは採用されないということも意識しておいてください。

Part 6
直前チェック！コレだけで第一印象が格段によくなる

どんな服装で
いけばいい？

印象がよくなる
コツを知りたい！

えっ!? そんなことで
不採用になるの…

6ポイント&マナー！

ポイント④

イメージははじめの5秒で決まる

面接官と顔を合わせたときは、大きな声で名乗り「よろしくお願いします」とあいさつを。この一声が第一印象(→182〜183ページ)を左右する。**名刺を渡されたら片手ではなく両手で受け取り、求められた場合のみ自分の名刺を渡す**(取引先ではないので渡さないのが基本)。

ポイント⑤

自己紹介はぬかりなく

初対面のあいさつを終えたら、自己紹介(→184〜185ページ)を求められることが多い。とくに緊張する場面だけに、**職務経歴書を要約した内容を約2分で話せるよう準備**を。ここで話す内容だけは、事前に原稿を丸暗記したものでもOK。

ポイント⑥

最後もキレイに締める

面接の締めは「**貴重なお時間をいただき、ありがとうございました**」とハッキリ伝えよう。また面接後、エレベーターで携帯電話をいじるなど、気を抜いた行動はNG。些細な行動が合否を分けることも(→186〜187ページ)。社屋を出るまでが面接と心得て。

面接当日に気をつけたい

ポイント①

現地には「1時間前に到着」が理想

面接を受ける会社に入るのは所定の時間の5分前が原則だが、当日はできるだけ早く到着を。周辺を歩くもよし、会社の出入り口で社員を観察するもよし。何か発見があれば「**早く着いたので社員の方を見ていましたが…**」と面接中の雑談のネタになることも。

ポイント②

身だしなみを整える

面接会場に行く前には、最寄り駅やデパートのトイレで全身を鏡に映して身だしなみ(→180～181ページ)の最終確認を。大切なのは“**清潔感**”。髪やネクタイを正すのはもちろん、靴を見る面接官もいるので汚れていないかもチェックしよう。

ポイント③

会社に入る前に身支度を

ビジネスでは企業を訪問するとき、コートを脱いでから建物に入るのがマナー。同じように、面接を受ける会社に入る前にはイヤホンを取る、コートを脱ぐ、携帯電話はオフにするなどぬかりなく。

転職は「ビジネス」。就活とは決定的に違う！

ビジネスマナーをつねに意識

感謝の気持ちを忘れずに

最終章では、第一印象を格段に上げる〝マナー〟のコツをお伝えします。面接前に読んで、最終確認してください。

まず面接に臨む心がまえとして**「時間をいただいている」という〝感謝〟**を忘れないようにしてください。いくらビシッとスーツを着こなしても「呼ばれたから来た」という気持ちでいると、ふとしたときに言動となって表れるものです。

転職面接は「ビジネスの場」と同じ。時間をくれた応募先へ感謝しつつ、**一般的なビジネスマナーをわきまえなければなりません。**

身だしなみは相手に合わせて

面接にどんな服装で行くか迷ったら、応募先の**客層に合うような格好に**整えましょう。銀行など、堅い企業の面接にラフな服装で行けば「お客様に会わせられない」と思われかねません。

また一般的にいえば、**身だしなみは「無難」に整えて損することはありません。**なおかつ**清潔感のある服装がベター**です。「高いスーツ」より「体に合ったシワのないスーツ」を着ること。シャツやブラウスにはアイロンをかけ、首周りや袖に汚れがないか気を配ってください。

「清潔感」「TPO」を意識する

■ 男性

よほどのこだわりがない限り、ひげはきれいにそっておくほうが無難。

顔

結婚指輪以外は、はずしておく。時計はビジネス仕様のものを。

アクセサリー

A4の書類が入る、黒、茶系のものを。そのほかの荷物がある場合はコインロッカーに預けておこう。

かばん

髪形

手入れされていない髪形、寝ぐせやフケはNG。短髪・黒髪がベター。

スーツ

堅めの企業であればグレーや黒のスーツを選ぶなど、業界・職種に合ったスーツとネクタイを着用するのが基本。体に合っていて、汚れやシワのないもので。

足元

靴をチェックする面接官は多いので、汚れていないか、底はすり減っていないか、などの確認を。白い靴下はNG。

■ 女性

応募先で働くことをイメージして、メイクは濃くなりすぎないよう気をつける。

顔

華やかになりすぎない程度ならOK。基本的に香水はつけていかない。

アクセサリー

男性と同様、A4の書類が入るもので。ほかの荷物は面接会場には持ち込まないように。

かばん

髪形

髪が長ければすっきりとまとめる。顔に髪がかかると暗そうな印象を与えやすい。カラーリングは派手すぎなければOK。

スーツ

ベージュやグレーなど落ちついた色で、スカートタイプが無難。ただアパレル業界などを受ける場合は、ファッション性も意識して。

足元

汚れやかかとのすり減りは、だらしない印象に。ストッキングの伝線も要注意。

〝元気よく〟〝ハキハキ〟だけで印象がガラリと変わるワケ

「じっくり話せばわかってくれる」は通用しない

面接官を出迎える準備を

新卒での面接を思い出してください。会議室などに面接官がいて、そこにノックして入る、というケースが多いのではないでしょうか？　ここが転職では違います。

転職面接は通常、業務の合間に行われます。応募者が、面接する部屋に先に通され、仕事に片をつけた**面接官があとからあらわれることが多い**のです。

「面接官があとから登場」という状況を想定しておらず、うろたえてしまう応募者は案外多いもの。**面接官が入ってきたら、スッと立ち上がりハキハキとあいさつ**してください。

冒頭からテンションは上げぎみで

面接官は開始から数分で応募者のイメージを作ってしまうこともある（→62ページ）ため、「第一印象」はとても大切です。

第一印象をよくするコツは、まず**受付に行った瞬間から気持ちをビジネスモードに切り替え、元気よくあいさつすること**。**面接中はそれに加え、しっかりゆっくり話す**ようにします。

ボソボソ早口で話すと、面接官は「暗そう」「話しづらそう」と感じてしまいます。その印象は「一緒に働きにくそう」というイメージにもつながるので要注意。

面接官の出迎え方

■面接官が来るまで

案内されたイスに座って待つ

受付から面接会場となる部屋に案内されたら、指定されたイスに座り、面接官を待つ。かばんは机やイスの上ではなく、足元の床に置いておく。姿勢を整え、面接で話すことを頭のなかで反《はん》芻《すう》しておこう。

NG

待ち時間が長いからと、足を組んだり、携帯電話をいじったりする。

■面接官が来たら

立ち上がって出迎える

面接官が入室してきたら、立ち上がり体を面接官のほうに向け、おじぎをしながら「○○（名字）です。本日はよろしくお願いします」となるべく大きな声であいさつを。第一印象を左右するポイントなので心して準備を。

NG

立ち上がりもせずに軽く会釈するだけですませてしまう。

採用担当のホンネ

マナーを見て、仕事ぶりまでイメージすることも

会っていきなりマナーがなっていないと「この応募者は教育されていないのかな？」と想像してしまいます。我々面接官が入室してきたときに、立ち上がりもしなければ「ビジネスマナーが身についていない→電話の受け答えから教える必要があるかも…」と連想してしまうことも。マナーばかり気にして、質疑応答の準備をおろそかにしては駄目ですが、最低限のビジネスマナーは習得してほしいものです。

出だしの自己紹介でつまずかないコツ

秘伝！　自己紹介がうまくなるテクニック

2分で語るべきこと

自己紹介の**所要時間は基本的に約2分。**
その時間内で**「要約した経歴」と「自己紹介の結論」を伝えなければなりません。**

「要約した経歴」とは、応募先の求める人材に合わせてキャリアをまとめたもの。たとえば「営業3年→総務3年→営業4年」のキャリアで営業職に応募する場合、「営業歴7年」と語るのです。職務経歴書の内容をダラダラ話すのはＮＧ。

自己紹介の結論は「御社の○○でお役に立てると思います」と、キャリアのあとに端的に語ればＯＫです。

面接官の気を引くしかけも

自己紹介で、簡潔に**わかりやすく経歴を伝えるコツは、仕事内容を5Ｗ1Ｈに分解すること**（→54ページ）。「いつ（Ｗｈｅｎ）、どこで（Ｗｈｅｒｅ）、なぜ（Ｗｈｙ）、何を（Ｗｈａｔ）、誰に／誰と（Ｗｈｏ）、どのように（Ｈｏｗ）」と端的にまとめましょう。

ハイレベルにはなりますが、そのあとの面接を潤滑に進めるためのコツをもう一つ。「その話、もう少し詳しく聞きたい」と面接官に思わせるようなしかけを作ってください。**応募先がほしがりそうな経験をクローズアップし、自己紹介に潜ませる**のです。

自己紹介の悪い例・よい例

■ 準備不足の例（簡潔すぎる）

Before

大学卒業後、A社に就職しまして、①**今は営業を担当しています。**

私の性格は、周囲からは前向きだといわれます。前向きな性格とこれまでの経験を生かして御社で働きたいので、よろしくお願いします。

▶ 面接官は「前向きな性格です」など抽象的な性格の話よりも、①の部分（どんな仕事をしてきたか）を詳しく聞きたがっており、これでは「自分のことを伝えようという意欲が感じられない」「仕事への熱意がないのでは？」と感じることも。逆にまとまりのない話を延々と語られても、準備不足を感じ同様の印象を持つ。

■ まとめられた例

After

20××年に○○大学を卒業し、以来10年間A社で勤務しており、営業歴は7年です。

A社では大きく分けて2つ、営業職と総務職の仕事をしてきました。①**最初の3年間と直近の4年間で法人営業を担当**し、自社開発ソフトのセールスをしています。②**年間新規契約件数が評価され**、一昨年からは部下のマネージメントも任されています。マネージメントの仕事は、10人の社員の業務状況を確認しながら、ときには同行して営業のノウハウを伝えています。

私は今年に入ってから、個人営業に関心を持っています。今回、御社が営業のマネージャー職を募集されていることを知り、チャンスだと思って応募しました。

③**マネージメントの経験は2年間ではありますが、微力ながら御社でこれまでの経験を生かし、売上に貢献したい**と考えています。どうぞよろしくお願いいたします。

PRしたいキャリアをまとめて語るとわかりやすい。②は、
こ、もう少し聞きたいな」と思わせる、うまい伝え方。また、
の結論のみ伝えている部分。簡潔にまとめられており、自己
ではこの程度で十分。

面接官は不快感！「感じが悪い」些細な言動一覧

面接前には最終チェックを

〝聞く〟態度こそ見られている

些細な言動が不採用につながることはよくあります（↓26ページ）。たとえば「話す」ことには注意をはらうのに、「聞く」ほうは見落としがち。人は相手が「真剣に聞いているな」と感じると「話しやすい」と思うものです。**応募者の〝聞く〟態度が面接官を快くしたり不快にしたりする**のです。

「人の目を見て話しましょう」とはいわれますが、面接では「目を見て聞く」ことが大事。ただし、明るい印象を与えようと絶えずほほえんで話を聞く人もいますが、これは逆効果。「真剣に聞いてる？」と疑われかねません。

座っているときの姿勢も注意

自分がイスに座り話をしている姿を見たことはありますか？ **座っている姿勢、話している姿も盲点の一つ**です。面接官からは、あごが上がっている人は横柄に見えたり、体が斜めを向いている人はだらしない印象に見えたりします。

面接前には自宅で鏡に向かい、座っている姿がどんなふうに見えているのか、チェックしてみましょう。

そして最後に、左の「面接官がチェックしているタブーリスト」で普段の自分の言動を確認し、採用を勝ち取ってください！

最終確認！ やってはいけないことワースト10

■面接官がチェックしているタブーリスト

		Check ✓
1	話を聞くとき、うつむいている(目を見ていない)	□
2	あごが上がっている	□
3	体が斜めを向いている	□
4	腕や足を組んで話を聞いている	□
5	遅刻したのにお詫びの言葉がない	□
6	あいづちが早すぎて、面接官の話にかぶる	□
7	「うん」と、あいづちをうつ	□
8	話の途中に舌打ちをする	□
9	話の合間に携帯電話を見る	□
10	話の合間に時計をチラチラ見る	□

▶上に挙げたのは、応募者が見落としやすく、面接官に不快感を与える言動ワースト10。**8** や **9** は一見「ありえない」と感じるだろうが、本人が気付かずにやりがちなこと。27ページに挙げた不採用に直結しかねない言動と合わせて、面接前には自分がやらないようチェックしておこう。

Column
細井が見た！
面接の"生"現場

あなたならどうする？ホントにあったこんな面接

■面接官の行動にヒヤリ!?

ちょっと想像してみてください。

あなたが応募者で、面接を受けています。始まって数分、まださほど時間は経っていません。

突然、面接官があなたの応募書類が入ったバインダーファイルを「バタン！」と閉じました。

◆

どう思いますか？

「あれ？　なんか悪いことでもいったかな？」

「駄目だと判断されたのかな？」

そう思いませんか？

答えは否。これは「採用」と判断した瞬間の行動だったのです。

面接官は応募者を細部まで見ようとする一方、自分が応募者からどう見られているかにほぼ関心がありません。「よし！　採用しても大丈夫そうだ」と確信し、残りの面接は時間の無駄だと思ったのでしょう。だから無意識のまま無造作に終了サインを出してしまった、というわけです。

面接を受けた応募者から**「あまりいい感触ではありませんでした…」と報告される一方、意外なまでに面接官側の評価が高いことがあります。逆に「好感触だった」と思っていても、不採用になることは少なくありません。**

「雑談で話が弾んだ」というときは、面接官が本筋（仕事面）で応募者に聞きたいことがなくなり、やむなく雑談、ということもあるのです。

■ 空気の読みすぎは考えもの

こんなこともありました。あなたが応募者だったらどうするか、想像してみてください。

応募者のあなたは一次面接をクリアし、会社の役員が面接官となる二次面接にチャレンジしています。質疑応答が一段落したとき、役員からこういわれました。

「君はずいぶん頑固そうだね」

◆

どう反応しますか？

「頑固」という言葉には少しネガティブなイメージがありますね。だから「いえ。そんなことはありません」と答えるのか。それとも正直に「はい。よくいわれます」と答えるのか。その役員がどんな口調や顔つきでいっているのかという点も気になるのではないでしょうか。

実際にこの面接を受けていた応募者はこういいました。

「経理の仕事はこのくらいの頑固さがないと務まらないと思っております」

きっぱりいい切ったら、それが気に入られ採用となったのです。

■

空気をまったく読めないのはＮＧですが、**とくに役員面接での「読みすぎ」はお勧めしません。**

なぜなら会社の経営層は、何よりも「信用できる人か」を重視しているからです。「ごまかされる」「隠しごとをされる」「ウソをつかれる」ことが大嫌い。話すことにいちいち迎合していると「私のいうことでコロコロ意見を変えるのか。信用できない」と判断されかねません。

「相手の求めていること」に応えることはもちろん必要。しかしそれは相手に合わせて自分を曲げるのとは違います。あくまで自分の経験や考え方のなかにある相手との「接点」を伝えることが重要なのです。

難しいと感じるかもしれませんが、自己分析と企業分析、フィッティング（→Ｐａｒｔ２）をしっかりしておけば大丈夫。やるべきことをやったら、あとは「あたって砕けろ」ぐらいの熱意で面接に挑んでください！

おわりに

ここまで読まれた方は、お気付きになられたかと思いますが、本書のテーマは「不安を自信に変える」です。面接で何より重要なのは「これで駄目ならあきらめる」くらい準備をして、自信を持って堂々と臨むこと。そしてそのためには行動あるのみです。

模擬面接をすると泣き出す方がいます。何人かにたずねると、理由は２つありました。一つは、相談しているうちに辛かったことを思い出し、それに対して何もできなかった悔しさが蘇ってきたから。そしてもう一つは、その辛い経験とあえて向き合うことで、自分のなかで何かが吹っ切れ、面接に臨む勇気と自信が持てたことに感動したからだそうです。

また、セミナー後に受ける相談は「転職理由や志望理由、ハンデに感じていることなどを、自分が考えているとおりに話しても大丈夫か」との内容がほとんどです。それらの多くが、そのまま話せば大丈夫なことでした。彼らが待ち望んでいるのは「大丈夫、そのまま伝えればきっと理解されるはず」という、背中を押してくれる一言だったりします。

本書を読み終えても、不安はまだ残っていると思います。ただそれは物ごとを変えるエネルギー源です。うまく使えばものすごいパワーを生み出してくれます。だからこそ、不安や不満を無理に消すのではなく、自分を奮い立たせて行動させるエネルギーとして使いましょう。転職の理由はさまざまでしょうが、何かを変えようとする気持ちは、じつはすごいパワーを秘めているのです。「面接が怖い」という負の状態ではなく、「何としても突破する！」という正のエネルギーに変えないと、もったいなさすぎます。

「もっと働きたい！」「今度こそ頑張る！」という本気を相手にわかってもらうには、自分と企業の「接点」を見つけ、それを伝えるしかありません。表現やいい回しの面接技術は、練習すれば必ず上達します。とくに「もっと仕事をしっかりしておくべきだった」「安易に辞めなければよかった」など、ちょっと反省している方は、この瞬間から変わればいいのです。

人は変われます。語れる過去がなければ、今から作るしかありません。そして、それは作れます。「心機一転し、新しいステージで頑張りたい！」という強い意志を転職活動の準備にぶつけてください。チャンスは必ず生まれます。

勇気と自信を持って本番に臨み、どうぞ内定を勝ち取ってください。

細井智彦

●著者

細井智彦（ほそい ともひこ）

1960年京都府生まれ。同志社大学文学部心理学科卒。株式会社リクルートキャリア 転職力向上プランニングコンサルタント。10,000名を超す応募書類に触れ添削してきた実績をもち、「面接力向上セミナー」等各種セミナーを独自に開発、運営。セミナー受講者はのべ10万人超。6000人の転職希望者を内定に導いた実績から「日本一面接を成功させる男」と呼ばれる。企業（面接担当者）向けのセミナーも実施し、大手からベンチャー企業まで100社以上を担当。

http://twitter.com/hoison

○著書

『転職面接必勝法』『転職面接必勝法 実践編』（講談社）

『カリスマエージェント直伝! 履歴書・職務経歴書の書き方』（高橋書店） など

【著者エージェント：アップルシード・エージェンシー】

http://www.appleseed.co.jp

10万人が受講した究極メソッド
転職面接突破法

著 者 細井智彦

発行者 高橋秀雄

発行所 **高橋書店**

〒112-0013 東京都文京区音羽1-26-1

編集 TEL 03-3943-4529 / FAX 03-3943-4047

販売 TEL 03-3943-4525 / FAX 03-3943-6591

振替 00110-0-350650

http://www.takahashishoten.co.jp/

ISBN978-4-471-21265-0

造本には細心の注意を払っておりますが万一、本書にページの順序間違い・抜けなど物理的欠陥があった場合は、不良事実を確認後お取り替えいたします。下記までご連絡のうえ、小社へご返送ください。ただし、古書店等で購入・入手された商品の交換には一切応じません。

※本書についての問合せ 土日・祝日・年末年始を除く平日9：00～17：30にお願いいたします。

内容・不良品／☎03-3943-4529（編集部）

在庫・ご注文／☎03-3943-4525（販売部）